PAGO POR VER... Y POR OÍR

Colección Algarabía

PAGO POR VER... Y POR OÍR

algarabía

revista que genera adicción

Pago por ver... y por oír, 2007
Directora de la colección: María del Pilar Montes de Oca Sicilia

D. R. © Editorial Lectorum, S. A. de C. V.
Centeno 79-A
Col. Granjas Esmeralda
C. P. 09810, México, D. F.
Tel. 55 81 32 02
www.lectorum.com.mx

Bajo acuerdo con:

© Editorial Otras Inquisiciones, S. A. de C. V.
Pitágoras 736, 1er. piso
Col. Del Valle
C. P. 03100, México, D. F.
Tel. 54 48 04 30
www.algarabia.com

Segunda reimpresión: mayo de 2009

ISBN: 978-970-732-227-1
Editorial Lectorum, S. A. de C. V.

D. R. © Portada: Francisco Masse

Impreso en México

Presentación

Hay una sección dedicada al arte en la revista *Algarabía*, y también hubo una llamada ESTRUCTURAS, donde tratamos de encajar todos esos temas «estructurales» en los que se hablaba de cosas como la sección áurea o Divina Proporción, y de otras como la lógica difusa, más abstractas que el arte en sí, quizá. En este libro hemos recopilado textos de ambas secciones, todos que rondan, entran y salen por el arte y sus formas.

Así, el lector podrá acercarse a las diferentes maneras artísticas —o más bien echarse un clavado en ellas—, y conste que también incluimos la ópera, sin dejar atrás el teatro que divierte y hace recordar, y hasta la vida dentro de un cuarteto de cuerdas.

Mucho del arte y de lo que hay dentro de él, de las reflexiones de quienes lo hacen, están resumidas en este ejemplar que usted tiene en las manos. ¿Qué pensaba el arquitecto Luis Barragán de los jardines que lo circundaban? ¿Qué alimentó la rebeldía de Mozart para escribir *Las bodas de Fígaro*? ¿Cómo incide el clima —los huracanes en específico— en la naturaleza de la pintura? ¿Qué es el color y cómo influye en el espectador de una obra de arte? Y otras cuestiones que rodean la obra artística y nos permiten entenderla mejor.

Por otro lado, incluimos también algunos temas aledaños, pero muy interesantes, como el árbol genealógico de Van Gogh y la retahíla de nombres que en su familia se repitieron hasta el cansancio y que la autora propone como una de las causas de su locura; las caricaturas que en la Segunda Guerra Mundial entretenían a las tropas; y los entresijos del grupo de intelectuales ingleses conocido como Bloomsbury, al que pertenecieron, entre otros, la escritora Virginia Woolf, el biógrafo Lytton Strachey, el filósofo Ludwig Wittgenstein y el economista John Maynard Keynes. No menos ilustrativo es hablar de lo *Kitsch* como concepto y de su valor en el arte actual; de las obras artísticas llevadas a extremos, como aquella película de 1987 que se llama *The cure for insomnia* que dura nada menos y nada más que ¡87horas! —por eso lo del nombre, ¿no?—. Y también explicar qué onda con la anarquía dadaísta y qué pretendía en su manifiesto este movimiento.

Las siete musas protagonizan uno de los textos aquí recopilados; sin embargo, están presentes en todos, como en las figuras que podía dibujar Picasso de un solo trazo y en la obra de surrealistas como Breton, Magritte y Dalí que, a su vez, acompañan temas más sonoros como la clasificación de la voz humana —desde bajos hasta sopranos—, lo cursi, el amor y los boleros, y la creatividad que generó un movimiento tan importante como el rock progresivo, con artistas como: Pink Floyd, Emerson, Lake & Palmer, Genesis y Jethro Tull.

Y ya entrados en el arte, llegamos al séptimo para hablar de las mejores películas de todos los tiempos, de las mejores cintas mexicanas, de los géneros cinematográficos —¿cuáles y cómo son?— y de qué pasa cuándo te preguntan cuál es tu película favorita.

Como puede advertir, en este libro se paga por ver, por oír y, sobre todo, por sentir. ☽

A manera de prólogo

Es bien sabido que casi nadie lee los prólogos, por eso lo del título a estas líneas. Lo curioso es que la vida misma tiene prólogo; si no, ¿qué son el amor y la gestación? Yo, por ejemplo, tomo las cosas desde el prólogo, es decir, leo el instructivo antes de instalar las baterías; tal vez un pequeño preámbulo nos ayude a ponernos las pilas; al menos eso espero de los lectores que tengan la paciencia de leer éste.

Hay grandes escritores cuya obra maestra es precisamente un prólogo; obras a las que salva un prefacio, como en la santa misa; pero, por otro lado, hay infinidad de libros sin rodeos ni explicaciones: le entras, lees y te vas.

Yo no soy escritor, no pertenezco a esa aristocrática especie de intelectuales. Tampoco he asistido a talleres literarios y, para colmo, no dispongo de todo el tiempo que quisiera para leer —me la paso dibujando— y, por ende, para escribir.

En lo que sí empleo el tiempo es en ver; y este libro, bien mirado, es uno de ésos para ver, un ejemplar que nos llena la imaginación, nos reivindica con las cosas bellas: las artes. Asimismo, nos invita a un recorrido por las ciudades más caras de la humanidad: las de la creación.

Aquí me viene a la mente *Las ciudades invisibles* de Italo Calvino, delicioso libro-mosaico de viajes imaginarios y descripción de lugares imposibles. Así es este tomo, nos lleva de la mano con un lenguaje familiar, fácil y limpio, pero también nos acerca a la creación del hombre, ¿o será recreación?

He seguido muy de cerca el desempeño de la Editorial Otras Inquisiciones; incluso, me une una sincera amistad con Dante Escalante, ilustrador y colaborador de dicha casa editora. De hecho, me jacto y me ufano de tener una de las pocas colecciones completas de la revista *Algarabía*, en cuyas páginas se gestaron los temas, artículos, ensayos y curiosidades literarias —como de gabinete para coleccionistas— que conforman este libro.

Para mí, el volumen que ahora está en sus manos es un viaje de inspiración que comienza con las musas, esas regordetas o esbeltas aves antropomórficas que trastocan el pensamiento e inspiran cualquier barbaridad. Después habla del color, ese misterio que únicamente se devela por el otro misterio: el de la luz. Le sigue el *Phi*, número divino que, ante mi negación matemática, lo reduzco al abatimiento de la diagonal del cuadrado. De inmediato viene el *Kitsch*, del que nadie se salva —en mi caso, hasta lo cultivo— y así, como sucede en los viajes, cuando ya no queremos más porque nos duelen los pies, somos invitados a la ópera, a conocer sobre la voz o nos sientan a cuatro manos con Mozart.

He permanecido con este libro bajo el brazo para escuchar boleros o recordar al cuarteto de cuerdas en los funerales de mi madre. Sin embargo, también es una obra que nos lleva al cine y nos instruye en lo que yo llamo «la poesía visual».

Es así como Pilar Montes de Oca planeó un itinerario sorprendente, pues nos somete a la lógica para explicar esa frase común que dice: «el amor al arte». Por ello, hoy celebro que a este libro le preceda una introducción que cariñosamente me pidieron María del Pilar y Victoria —mis queridas aljamías—, porque me dan la oportunidad de transmitir —ojalá—, en unas cuantas líneas, lo que siento al leer esta cuidada antología del arte.

Ahora recuerdo que los prólogos deben ser cortos o menos se leerán, así que, para invitarlos a leer a gusto, les diré que cada capítulo es como una varilla de abanico sostenida por una tela bien tramada que, al mecerlo, nos brindará una suave brisa para pasar la vida más ligeros, más ventilados, más aereados y alejados de la peste de la cotidianidad y el aburrimiento. ¡Buen viaje!ᕄ

Gonzalo Tassier

Las musas

«¡Salud, hijas de Zeus!
Otorgadme el hechizo de vuestro canto.»[1]

Así comenzaban con frecuencia los poetas o los aedos sus cantos, invocando la protección e inspiración de las musas.

1 Hesíodo, «Teogonía», en *Obras y fragmentos*, Biblioteca Básica Gredos núm. 13, Madrid: Gredos, 1997; p. 104.

«Comencemos nuestro canto por las musas Heliconiadas,
que habitan la montaña grande y divina del Helicón. Con sus pies
delicados danzan en torno a una fuente de violáceos reflejos y al altar
del muy poderoso cronión —Zeus.»[2]

Las musas eran ninfas bellas y dulces que habitaban junto a los ríos y las fuentes, pues eran espíritus de las aguas. En un principio sólo se les atribuían virtudes proféticas —ya que podían relatar el presente, el pasado y el futuro en un solo momento—, así como la capacidad de inspirar toda clase de poesía. Posteriormente pasaron a ser iluminadoras y protectoras de toda forma artística y a presidir toda manifestación de la inteligencia, como las artes y las ciencias.

La genealogía, el lugar de nacimiento, el culto y el número de estas deidades varían de un autor a otro; sin embargo, la versión más difundida es la del poeta Hesíodo, quien las considera hijas de Zeus —rey de los olímpicos— y Mnemósine —diosa de la memoria, hija de Gea, la Tierra, y de Urano, el Cielo— y establece que suman nueve.

«Las alumbró en Pieria, amancebada con el padre
crónida, Mnemósine, señora de las colinas de Eleuter, como olvido de
males y remedio de preocupaciones. Nueve noches se unió con ella el
prudente Zeus subiendo a su lecho sagrado, lejos de los inmortales…
nueve jóvenes de iguales pensamientos, interesadas sólo por el canto y
con un corazón exento de dolores en su pecho, dio a luz aquélla, cerca de
la más alta cumbre del nevado Olimpo».[3]

Si bien en la mitología romana eran identificadas como las camenas, ninfas *numen* de las fuentes, poco tienen que ver con ellas. A pesar de que en un principio las musas se concibieron

---

2 *Ibid*; p. 1.
3 *Ibid*; pp. 53-62.

como un coro inseparable que deleitaba con sus voces y sus danzas a los dioses del Olimpo, posteriormente, en la época helenística —siglo IV a.c.—, encontramos a cada una de ellas a cargo de un arte específico. La versión más frecuente —aunque no la única— se enumera a continuación:

Calíope, Καλλιόπη /kalliópee/, la de bello rostro, la de bella voz. Es la que ocupa el primer lugar en el cortejo y en dignidad; la que colabora con los nobles reyes; Aquiles, el héroe de la Guerra de Troya, aprendió el canto por ella; es la musa de la poesía épica. Generalmente es la que conduce a las demás, lo cual está indicado por la corona dorada que porta. Se le representa con una trompeta en una mano y, en la otra, un poema épico. Al casarse con Eagro procreó a Orfeo, Marsias y Lino, aunque se dice que el padre de éste último fue Apolo, el dios de la verdad. Con Estrimón, el dios-río, engendró a Reso.

Clío, Κλειώ /kleióo/, la que celebra y da gloria, la que da fama. Se le consagraba a la historia y a la poesía heroica. Tuvo un hijo de nombre Jacinto con Piero, rey natural de Pella, Macedonia. Con frecuencia se le representa coronada con laureles y leyendo un libro, o con un rollo de escritura en la mano izquierda, ya que en la derecha lleva una trompeta. También se le puede ver reclinada sobre un globo terráqueo junto al tiempo, pues la historia comprende todos los lugares y épocas.

Erato, Ερατώ /eratóo/, la deliciosa y amable. Es la musa de la lírica coral, especialmente la amorosa o erótica. Se le representa con corona de mirto y rosas; sus atributos son una lira y, a veces, el dios Amor —Eros— a sus pies, dotado con arco, flechas y carcaj; en otras ocasiones aparece con una antorcha encendida. En algunas imágenes, Érato lleva una flecha de oro, como evocación del sentimiento erótico que representa.

Euterpe, Εὐτέρπη /eutérpee/, la de agradable genio, la muy encantadora y placentera. Se le relaciona con el arte de tocar la flauta. Por lo general aparece retratada con un doble flautín y coronada con flores. A finales de la época clásica se le nombró musa de la poesía lírica

Melpómene, Μελπομένη /melpoménee/, la melodiosa, la que canta. Es una de las musas del teatro; se le consagraba a la tragedia. Aparece portando una espada o una maza —para indicar que la tragedia es un arte muy complejo que requiere creatividad vital y gran talento— y la máscara trágica; por lo regular, ricamente vestida, calzada de coturnos, coronada con diadema y esgrimiendo una dura mirada.

Polimnia, Πολυμνία /polumnía/, la de variados himnos, la inspiradora de los himnos o cantos sagrados. Se consagraba a la pantomima —en la época de los romanos—. Se le representa frecuentemente meditando, con los codos apoyados en un pedestal o roca y un dedo sobre la boca; otras veces con cadenas, para representar el poder que desempeña la retórica, o cubierta con un velo por su carácter sagrado. Enseñó la agricultura a los hombres.

Talía, Θάλεια /tháleia/, la festiva. Protectora de la comedia y la poesía bucólica y pastoril. De carácter rural, se le representa como una joven risueña, alegre y festiva, coronada de hiedra —para simbolizar la eternidad—, calzada con sandalias y llevando como atributos el cayado del pastor y la máscara cómica.

Terpsícore, Τερψιχόρη /*terpsicóree*/, la que deleita en la danza. La musa de la danza, del canto coral o de la poesía ligera que acompañaba en el baile a los coros de danzantes. Se le representaba tocando la lira, como una joven esbelta de sutil actitud y coronada por guirnaldas. En algunas leyendas es la madre de las sirenas que llevaron su canto a las costas de Sicilia.

Urania, Οὐρανία /*ouranía*/, la celestial. Se le consagraba a la astronomía y a la astrología. Aparece con un vestido estrellado y sostiene en sus manos un globo terráqueo, en el cual mide distancias con un compás. Coronada de estrellas, se le llegó a considerar la musa de las matemáticas, ya que a sus pies se pueden ver algunos instrumentos de esta ciencia exacta.

La palabra *música* proviene del latín *musa* y ésta del griego μοῦσα /*mousa*/. Luego *musa* pasó a ser sinónimo de *numen* o «inspiración del poeta o del artista». Museo, hijo o discípulo, amigo o maestro de Orfeo,[4] célebre por su talento para la música, fue educado por las propias musas; a él se le vincula con la sanación de los enfermos a través de la música. La palabra *museo*, del griego μουσεῖον /*mouseion*/, está identificada como la morada de las musas; es el templo mitológico donde se cultivaban la música, la declamación poética, la expresión pictórica y todas las demás artes, lo que dio origen a nuestra actual concepción de museo como alojamiento de los mayores tesoros del arte y la creación humana.

Decimos: «Si las musas me son propicias, soy capaz de hacer una gran creación» y «Soplarle a uno la musa», que significa «estar

---

4 Orfeo, músico y poeta de extraordinario talento cuyo canto producía efectos prodigiosos, hijo de Eagro y de Calíope o, según otras versiones, hijo de Clío o de Polimnia.

inspirado». También se habla de la musa de Virgilio o la musa de Cervantes, que es el ingenio poético propio de cada poeta.

> *«¡Dichoso aquel de quien se prendan las*
> *musas! Dulce le brota la voz de la boca.»*[5] ☺

5 Hesíodo, *op.cit.*, p. 97.

La Divina Proporción

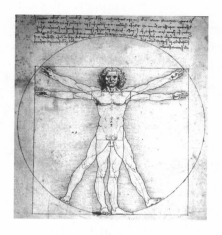

«Cuando no es posible expresarlos en
números, sus conocimientos sólo serán magros y de un
tipo insatisfactorio.»

Lord Kelvin

¿Qué tienen en común una manzana, el *David*, la alineación de las galaxias, la *Gioconda* y la reproducción de los conejos? Que todas siguen un patrón matemático que nos hace cuestionar si las matemáticas existen porque el hombre las conoce —siguiendo las teorías de Schopenhauer de que las cosas existen porque alguien las puede percibir— o si el Universo existe por las matemáticas.

El patrón matemático del que hablo es la proporción áurea, número áureo o sección áurea —término ideado por el matemático alemán Martin Ohm,[1] hermano del físico que descubrió las leyes de la electromagnética—, también conocido como número de oro o ϕ —phi—, según lo bautizó el matemático Mark Barr por la inicial del nombre de Fidias —escultor griego que usó la proporción áurea en todas sus obras—. ¿Pero qué es el número ϕ?

$$\phi = \frac{1 + \sqrt{5}}{2} \doteq 1.61803398874989484820458683436 5\ldots$$

Podríamos decir que, matemáticamente, sin complicarnos mucho, es un número irracional[2] único en propiedades matemáticas, como ésta:

$\phi^2 = \phi + 1$ —o sea que, si ϕ fuera el número 3:

$3^2 = 9$ tendría que ser igual a $9 = 3 + 1$

El primero en definir el ϕ fue Euclides de Alejandría, padre de la geometría, derivada de la simple división de una línea:

A   C   B

$$AC/CB = AB/AC$$

Véase que el segmento AC es más corto que la línea AB, 0.618 veces su tamaño, para ser exactos. Al mismo tiempo, el segmento CB

---

1 «Goldene Schnitt», en *Die Reine Elementarie Mathematik —Matemática elemental pura—* (1826).

2 O sea, un número que no se puede expresar como fracción: 1/3, 1/4, 2.5, 3.3333 y 1.1818181818 son números racionales; mientras que π, 0.05107462 o 4.72463595 son irracionales.

es 0.618 veces más corto que AC. La línea AB fue cortada en su punto áureo —C.

¿Y qué hace de este número peculiar algo tan importante?

Tomemos como ejemplo una manzana ordinaria: sus semillas están dispuestas en forma de estrella de cinco picos —triángulos isósceles cuyo lado menor es 0.618 veces más chico que los dos más grandes. ¿En qué proporción se separan cada uno de los anillos de Saturno?: 1/ 0.618. ¿Las semillas del girasol?: siguen espirales en proporción de 1/ 0.618. ¿Los círculos de las conchas de los moluscos y las espirales de las galaxias?: también 1 / 0.618. ¿Las proteínas del ADN?: ¡sí, 1/ 0.618!

Se ha aceptado que la belleza radica en la simetría y ésta, a su vez, en la proporción áurea. Entre más simétrico sea algo y matemáticamente se acerque al ϕ, más bello es.

El *Hombre de Vitrubio* de Da Vinci es el mejor ejemplo, pues allí Leonardo plasmó la proporción áurea de forma anatómica. ¿Cuál es la distancia del tabique de la nariz a la punta de la frente?: 0.618 veces la distancia que hay del tabique a la punta del mentón. ¿Cuál es la proporción que va de la cabeza al ombligo y del ombligo a la

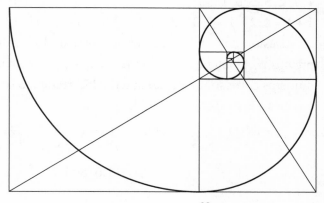

punta de los pies?: 1 / 0.618. Nótese en el *Hombre de Vitrubio*, al igual que en la estrella, que la longitud de la punta de los dedos a la axila —AC— es 0.618 veces la distancia que va de una axila a la punta del brazo opuesto —CB— y que esta misma distancia es exactamente la que hay entre el ombligo y los pies.

Revisemos las esculturas de mármol clásicas o el *David* de Miguel Ángel y démonos cuenta de que el ϕ se repite un número infinito de veces: entre el muslo y la pantorrilla, el cuello y la cabeza, los labios y las mejillas, etcétera. También podríamos analizar a Brad Pitt o Elizabeth Hurley —dependiendo de cada quien, claro está— para observar cómo las proporciones de sus rostros y figuras arrojan resultados como 1 / 0.617 o 1 / 0.619, peligrosamente cercanos a la proporción áurea o divina: la belleza ideal.

Para que las cosas coincidan y nos sorprendan todavía más, tenemos que decir que el ϕ es un número de la secuencia de Fibonacci. En el siglo XIII, el matemático Leonardo da Pisa, alias Fibonacci, se preguntó cuán rápido se reproducirían los conejos en situaciones ideales. Este experimento, cuyo objetivo era proporcionar ejemplos para difundir la numeración decimal en Europa, arrojó resultados sorprendentes e inesperados: la sucesión de parejas de conejos era 1, 1, 2, 3, 5, 8, 13, 21, 34, 55, 89, 144, 233... o lo que es lo mismo 1 + 1 = 2, 2 + 1 = 3, 3 + 2 = 5, 5 + 3 = 8, 8 + 5 = 13, 13 + 21 = 34... La sucesión de Fibonacci se obtiene sumando los dos números previos para obtener el siguiente. ¿Y qué pasa si dividimos estos números entre su inmediato anterior? El resultado se acerca cada vez más a la proporción áurea; por ejemplo:

$$\frac{1}{1} = 1.000 \qquad \frac{5}{3} = 1.666 \qquad \frac{13}{8} = 1.615 \qquad \frac{89}{55} = 1.618$$

$$\frac{233}{144} = 1.61805$$

¿Y cuántas espirales hay en las semillas de las flores de una piña de pino?: 3, 5, 8, 13… ¿Y en un girasol o una margarita?: 13, 21, 34, 55… También hallamos secuencias de Fibonacci en la criptografía, en las hojas de los árboles, la reproducción de las células, en la música de Bach —que secretamente introducía su firma «J. S. Bach» en forma de códigos músicales hechos con números de Fibonacci—, en los mercados y bolsas de valores del mundo y en un sinfín de cosas. Por lo tanto, tengo malas noticias para aquellos que en la secundaria y la prepa decíamos que «las matemáticas no son para mí»: están en todas partes y no podremos escapar de sus garras, pues cuando hayamos muerto, los gusanos que desintegrarán nuestro cadáver se reproducirán siguiendo una secuencia de Fibonacci y la llamada «Divina Proporción».

¿Serán acaso las matemáticas «algo» independiente? ¿«Algo» que ordena las cosas perfectamente en el Universo? ¿La Causa Última o el Ser Contingente de Aristóteles? ¿La Idea Máxima de Platón? ¿El Uno Absoluto de Pitágoras? ¿El Motor Inmóvil de Santo Tomás de Aquino? ☹

PÁGINA 21: Leonardo da Vinci, *Dibujo de proporciones, según Vitrubio*, 1490.

Unas pinceladas de color

«Hay azules que se caen de morados.»

Carlos Pellicer

Los físicos y matemáticos lo describen inmerso en el ámbito de la óptica; a través de conceptos como *longitud de onda*, *frecuencia* e *intensidad* intentan explicar el misterio del color. Pero el color es mucho más.

El color es una cosa esplendorosa

Sin duda, lo primordial en el tema del color es su relación con la luz. A falta de luz no hay color y, al igual que aquélla, éste posee brillo, tono, volumen y saturación. La luz es su vehículo. Alguien dijo que si la luz es la mensajera, el color es el mensaje; y el mensaje puede tener variaciones infinitas.

La luz emite millones de colores, pero nuestro cerebro los organiza en variaciones de sólo cuatro —rojo, azul, verde y amarillo—. El color es similar a la música o la lengua, y esto no debe desmoralizarnos, pues con siete notas musicales se han creado sinfonías maravillosas, y con sólo 26 frases podemos decir todo lo que se nos antoje. En el color, esas sinfonías las compusieron innumerables artistas y las aplicaron —y explicaron— movimientos pictóricos como el impresionismo; más tarde, las recrearon inventos como la televisión a color.

Sin embargo, el color rebasa el universo del sentido que le otorga su condición visual. ¿Cómo describiríamos el color a un ciego de nacimiento? ¿Podríamos imaginarnos un color nunca antes visto?

El habla cotidiana también tiene color social. Por ejemplo, expresiones como ver la vida de color de rosa, tener un negro porvenir, llevar sangre azul, estar verde de envidia o rojo de ira, nos demuestran que el color es una presencia permanente en nuestra vida. Y se manifiesta hablando, cantando, susurrando o gritando.

La voz del color depende de los colores que lo rodean, luce diferente, dice muchas cosas. Los impresionistas lo sabían muy bien. El contexto modifica la percepción del observador. Un color como el rojo, que en determinado ambiente puede ser indicativo de bienvenida, de Navidad, de pasión; en otro momento puede significar peligro, fuego o calor. El amarillo, que a muchos les parece alegre, puede ser el símbolo de alerta, de acotamiento, de instalación, de reparación, etcétera.

Los colores aislados no existen en el mundo. En mayor o menor grado, todo cuerpo iluminado posee tres factores que determinan el color con que lo vemos:

❖ El color local: su propio y específico color.

❖ El color tonal: las variantes de color que producen los efectos de luz y sombra.

❖ El color ambiente: los colores reflejados por otros cuerpos próximos.

A su vez, estos factores están condicionados por:

❖ El color propio de la luz.

❖ La intensidad de la luz.

❖ La atmósfera interpuesta.

¿De qué sirve saber todo esto? De mucho, ya que al elegir un color se debe tomar en cuenta cómo influye en su entorno y es influido por éste.

Las habitaciones en que dormimos, cocinamos o trabajamos, el transporte, los empaques, los alimentos, la vestimenta, etcétera, nos sumergen en las influencias del color.

El pintor Delacroix dijo: «Dadme lodo y pintaré la piel de una Venus. Siempre que pueda pintar a su alrededor los colores que yo quiera».[1] Efectivamente, con la ayuda de determinados colores en el fondo, es posible crear la sensación de un delicado color carne, aunque se pinte con un ocre grisáceo o un pardo sucio como el lodo.

Pensemos en las asociaciones del color con los demás sentidos: ¿hay colores ácidos?, ¿dulces?, ¿amargos?, ¿picantes? ¿Nos parecería

---

1 J. M. Parramón, *Así se pinta*, Barcelona: Instituto Parramón Ediciones, 1964.

saludable tomar la leche que se vendiera en un empaque amarillo con negro? ¿Qué tan efectivo luciría un aceite automotor en un envase rosa pálido? El universo del color se matiza aún más si se explora su influencia sobre la conducta humana. Existen connotaciones del color que se han aceptado como códigos universales. Hay dos grandes divisiones en cuanto a esa percepción: los cálidos y los fríos.

La gama armónica de los colores fríos está constituida esencialmente por los colores verde claro, verde, verde esmeralda, azul cian, azul ultramar, azul intenso y violeta.

La gama armónica de los cálidos está formada por los colores violeta, púrpura, carmín, rojo, naranja, amarillo y verde claro.

Ponerse de acuerdo en lo que cada color significa es muy complejo, pero en ese caleidoscopio hay connotaciones comprobadas de su influencia:

❖ En diversas industrias se emplea el amarillo en instalaciones o en la maquinaria. El amarillo es radiante y prodiga energía en su entorno —como el Sol.

❖ El naranja estimula el apetito y armoniza el ambiente, inyectando ánimo y buen humor; muchos restaurantes emplean el naranja en su decoración o en sus cartas de alimentos.

❖ El rojo es excitante y motivador. Los prostíbulos antiguos se anunciaban con luces rojas y en su interior —según Toulouse Lautrec— predominaba ese color.

❖ El verde crea un efecto tranquilizador y sedante, está asociado a procesos curativos. En algunas terapias alternativas, la luz verde se relaciona con la salud, tal vez por su analogía con la naturaleza.

❖ El azul propicia la introspección y la reflexión; es, en algunas tradiciones, un color de pensamiento elevado y armonizante.

❖ El morado tiene aspiraciones elevadas, es un color de implicaciones espirituales, casi religiosas, aunque algunas escuelas orientales como el *feng shui* lo asocian con la prosperidad y muchos antros lo usan actualmente en la iluminación y en la fachada.

En fin, dejemos que el color penetre por nuestros ojos e inunde nuestro interior sin oponer resistencia, y observémonos con curiosidad. Como lo hizo Van Gogh, cuando escribió a su madre desde Auvers: «Estoy enteramente absorbido por esos llanos inmensos de campos de trigo, verdes como el mar, de un amarillo muy tierno, de un verde muy pálido, de un malva muy dulce, con una parte de tierra labrada, todo bajo un cielo azul, con tonos de luces blancas, rosas, carmines y violetas. Me siento muy tranquilo, mamá, contemplando todo esto. Me siento con grandes deseos de pintar todo esto, mamá».[2]

Y desde nuestras latitudes, podríamos corear a Pellicer, a modo de disculpa: «Trópico, ¡para qué me diste las manos llenas de color!».[3] ᳱ

2 *Ibid.*
3 Carlos Pellicer, «Deseos», en *Antología poética*, México: Fondo de Cultura Económica, 1977; p. 328.

La lógica del amor y la belleza

En la vida diaria utilizamos una variedad de términos y razonamientos que no se ajustan a los patrones de la lógica ordinaria y, sin embargo, son comprensibles y correctos. Por ejemplo, tomemos el siguiente silogismo: «Normalmente, los libros antiguos son difíciles de adquirir; lo que es difícil de adquirir resulta costoso; por lo tanto, normalmente, los libros antiguos resultan costosos». Los términos de este razonamiento no son precisos, sino vagos o difusos: *antiguos, difíciles de adquirir y costosos*, además de utilizar un cuantificador impreciso —*normalmente*.

ZADEH Y EL VALOR DEL GRIS

La lógica ordinaria se maneja con predicados precisos y deja fuera toda esa riqueza de matices contenida en las expresiones imprecisas que empleamos en los intercambios cotidianos. Desde 1965, el matemático informático Lofti A. Zadeh creó un sistema novedoso que denominó «teoría de conjuntos borrosos o difusos —*fuzzy sets*—», y con ello restableció la dignidad de este tipo de expresiones en el terreno mismo de la matemática.

Zadeh nació en 1921 en el Azerbaiyán soviético y emigró en 1944 a EE. UU., donde obtuvo una maestría en ingeniería eléctrica del Instituto Tecnológico de Massachussetts —MIT—; luego hizo un doctorado en la Universidad de Columbia y, finalmente, se incorporó como docente a la Universidad de Berkeley, lugar en el que surgió la teoría de lo difuso o borroso. En un principio, el sistema de Zadeh parecía una mera hipótesis o una simple conjetura matemática, pero pronto rebasó el ámbito estrictamente formal y abrió nuevos horizontes en campos como la semántica, la lógica, la psicología, la física, la economía, la geografía y la inteligencia artificial, entre otros.

En los años 80, los japoneses tomaron esos sistemas con fines de control y los emplearon para crear máquinas inteligentes. Hacia 1990 había más de cien productos y aplicaciones tecnológicas de control «borroso». Para el año 2000, la cifra se había cuadruplicado.

LÓGICA ESTÁNDAR

Zadeh le dio una textura matemática a la noción del color gris. De acuerdo con la lógica estándar, un enunciado cualquiera es verdadero o falso; no hay un término medio entre la verdad y la falsedad. Eso es lo que nos enseñan cuando aprendemos lógica en la escuela. Nunca, o casi nunca, nos dicen que hay otras formas de razonamiento y menos aún nos mencionan la lógica difusa o borrosa.

Amor

Tomemos el predicado ambiguo «estar enamorado» e incorporémoslo a la frase «Juan está enamorado de María». Se trata de un predicado que admite una serie de grados o de tonalidades de color gris: ¿qué tanto está enamorado Juan?: ¿100%?, ¿98%?, ¿72%?, ¿56%? Puede ser difícil o inútil cuantificar qué tanto está enamorado Juan de María. Sin llegar a las cuantificaciones numéricas, como las que suelen emplearse en la lógica difusa, nos quedamos con expresiones lingüísticas igualmente imprecisas: «muchísimo», «poco», «perdidamente», «una barbaridad» e, incluso, a veces se dice «demasiado». Muy bien, pero eso indica que el amor es cuestión de grados, porque pueden vérsele varias tonalidades.

La teoría de lo difuso fundamenta la idea de que entre el todo y la nada, entre el blanco y el negro, entre lo totalmente falso y lo totalmente verdadero, hay una escala numérica y ésa es la que sirve para construir la lógica de lo borroso. Porque, si es cuestión de grados, entonces los límites y las fronteras se tornan borrosos.

En contraste, la lógica ordinaria es bivalente y mantiene límites absolutos con valores excluyentes como: verdadero o falso, blanco o negro, A o no-A. El amor y el odio se presentan como sentimientos incompatibles, aun cuando la necesidad y Freud han demostrado que los neuróticos aman y odian al mismo tiempo a una persona, contradicción a la que se dio el nombre de «ambivalencia», como el refrán que dice que «del odio al amor sólo hay un paso»; para la lógica borrosa, los predicados contradictorios describen matices que, efectivamente, se producen y reflejan tonalidades del pensar y del sentir.

Belleza

Veamos ahora el caso del predicado «ser guapa» en la frase «María es guapa». Es guapa, pero ¿comparada con quién? O, más bien,

¿hasta qué punto es guapa? Desde Platón se sabe que la belleza es un ideal que algunos creen encontrar en la realidad, aunque nunca se alcance. Sin ser platónicos ni caer en la idealización de los conceptos, podemos convenir en que la belleza es una cuestión de grados y, más todavía, de enfoques. Entonces, podemos aseverar, por ejemplo, que «María es más guapa que Antonia», y quizá advertiremos que «María es menos guapa que Alfonsina». Todo es cuestión de grados y nunca falta el que dice que «no hay mujer fea», o sea, que hay algo de belleza en la fealdad y viceversa. Así, entre un extremo y otro se encuentra un sinnúmero de matices, como entre el blanco y el negro.

La lógica difusa emplea el concepto fundamental de *variable lingüística*, la cual se obtiene a partir de un predicado vago; por ejemplo, «bella», de su antónimo, «fea», y de modificadores lingüísticos aplicados a esos predicados. Así, tenemos una serie de valores: «muy bella», «más o menos bella», «no muy fea», «no tan fea», «ni bella ni fea», etcétera. A esta lista pueden añadirse los superlativos —*bellísima*— y toda una gama de expresiones que usamos comúnmente en el habla de todos los días para indicar ponderaciones que son, irremediablemente, vagas.

CONJUNTOS DIFUSOS

Sin embargo, cabe destacar que la teoría de los conjuntos difusos no tiene que ver ni con la estadística ni con la probabilidad. Es una teoría nueva y diferente. Las encuestas de opinión determinan cuántas personas están a favor o en contra de una cierta formulación, o bien les resulta indiferente. En cambio, «el conjunto de las personas prudentes» no es directamente descriptible en términos estadísticos o de probabilidad. Entre las nociones de *prudente* e *imprudente* hay toda una escala de grados intermedios. De eso precisamente se ocupa la teoría de lo difuso.

¿Qué importancia tiene todo esto, más allá de dar a conocer formas de razonamiento que se usan en los intercambios lingüísticos?

Desde hace más de dos décadas, los ingenieros de la borrosidad diseñan programas y *chips* para que la manera de razonar de las computadoras se parezca más a la de las personas. De este modo se logrará que las máquinas sean «más inteligentes» y «sea más fácil trabajar con ellas».

Para construir su lógica, Zadeh procedió de la manera siguiente: a las palabras de la lengua cuya interpretación intuitiva es gradual —*joven, rico*, etcétera— les asoció funciones de una «variable de soporte» —*edad, fortuna*— en el intervalo [0, 1] de los grados de verdad, y a las expresiones que evocan de manera explícita la gradualidad —*muy, poco, más o menos*— les vinculó cálculos sobre esos grados —principalmente mediante elevación al cuadrado y raíz cuadrada—. De manera muy general podríamos decir que fue así como logró construir una «matemática de lo difuso» que, aunque es una aproximación, está más cerca de las leyes que rigen el mundo de la lógica ordinaria.

En la informática y en los estudios sobre inteligencia *artificial* se emplea cada vez más este *vigoroso* instrumento *racional*. Por eso sería *muy bueno* que se incorporara la lógica *borrosa* en los sistemas educativos desde los niveles *básicos*. ¿Advirtió el lector la cantidad de términos vagos que empleé en esta última frase? ☺

PÁGINA 33: Fragonard,
The Bolt, 1776-79.

Del cielo

E n el principio, el hombre era sorprendido por la naturaleza y, al no saber cómo nombrarla, creó a Eolo, Huracán o Thor, para apropiársela y así poder controlarla. Y creyó en sus dioses.

Ignoraba que las tormentas que padecía periódicamente eran ciclones y en diferentes meridianos los distinguió con nombres locales como huracanes, tifones —*tai-fung*, que significa «gran viento»— o tornados. Entonces, el hombre alzó los ojos al cielo.

También lo hicieron los pintores, pero ellos no buscaban a sus dioses locales, sino la belleza y el poder de la atmósfera. Hans Neuberger estudió doce mil pinturas alemanas y británicas, y descubrió que sus cielos se ven nublados, mientras que los cielos de los lienzos italianos y españoles son más claros. Aunque los estilos cambien, los colores del cielo son una constante. En el estudio nadie parece tan influenciado por el clima como Vincent van Gogh, quien no encontró los colores brillantes y la luz de los impresionistas hasta que pintó en el sur de Francia, donde sopla el mistral. El hombre perpetuó instantes e interrumpió secuencias, percibió el efímero sonido del susurro del viento, de las gotas de la lluvia, del tronar de las tormentas, que oímos también en el «Verano» y el «Invierno» de Vivaldi; en la *Sinfonía número 6 «Pastoral»* de Beethoven, y en la *Obertura de Guillermo Tell* de Rossini. Escuchamos la furia de la naturaleza en los *Preludios al holandés volador* y en la «Cabalgata de las valquirias» de Wagner. Fue en la precisión del entorno donde el hombre recreó el tiempo.

Quiso, también, que el tiempo permaneciera con él y así fue. El mal tiempo está en *Frankenstein, Moby Dick, El rey Lear* y *Cumbres borrascosas*. En la *Ilíada*, Aquiles voltea al cielo y ruega a los vientos Bóreas y Céfiro soplar para que arda la pira fúnebre de su mejor amigo. El hombre escribió y dio así eternidad al tiempo.

El hombre llevó malos tiempos con él y el cielo castigó su ambición: la brisa del mar derrotó a Jerjes en Salamina; un tifón al gran Kublai Khan en Japón; el invierno ruso a Napoleón y luego a Hitler; una tormenta a la Armada Invencible española. Fue el clima, entonces, el que permaneció en la historia que él construía.

Volvió a mirar hacia el cielo, no con los ojos del corazón, sí con los de la ciencia, y fue entonces cuando advirtió que los ciclones se forman con aire tibio sobre aguas a 28°C de temperatura.[1] Supo que

---

1 Algunos datos fueron proporcionados por el Centro de Ciencias de la Atmósfera de la UNAM.

este viento transporta del sur al norte un cilindro de nubes y que lo hace girar en dirección contraria a las manecillas del reloj.

A la nubosidad, lluvia y vientos menores a 64 kilómetros por hora los llamó «depresión tropical», y supo que ésta puede evolucionar a «tormenta tropical» con vientos de más de 120 kilómetros por hora. Entonces los ubicó en el calendario y en el mapa.

Así, se dio cuenta de que lo afectan principalmente de mayo a noviembre en las costas de Guerrero y Michoacán, el Caribe, el Pacífico noroccidental y el Golfo de Bengala.

Hoy sabe que el mal tiempo que padece viene del mar y del cielo. Tiene el conocimiento, pero éste no le ha valido para vencer la furia de la naturaleza ni para evitar que rompa el equilibrio que conforman la atmósfera, los océanos y los continentes. Hoy, el hombre puede predecir con certidumbre los huracanes —así como asignarles nombres para seis años y repetirlos *ad infinitum*—. Aun así, cuando vuelvan Gilberto, Roxana, Paulina, Isidore, Wilma o Dean, él estará como al principio: esperando la paloma que le anuncie un mejor tiempo y, ¿por qué no?, también la paz. ☻

Página 39: René Magritte, *La gran familia*, 1928.

Vincent, genio y figura

Probablemente, Vincent van Gogh —junto con Leonardo da Vinci y Miguel Ángel—, sea uno de los artistas más famosos en la historia de la pintura; sin embargo, no es sólo su obra la que le ha dado fama, sino también su vida atormentada y su trágico suicidio, que son conocidos y reconocidos hasta por el más neófito en la materia.

El trabajo de Van Gogh ha sido admirado a lo largo de cien años; su obra —que irónicamente no se vendió durante toda su vida— ha alcanzado precios de fábula en colecciones y subastas. Es aclamado como gran colorista, representante máximo del posimpresionismo y precursor del expresionismo; su influencia ha perdurado hasta el expresionismo abstracto. ¿Quién no ha visto un Van Gogh? ¿Quién no conoce los alegres *Girasoles, La noche estrellada* o algún autorretrato del artista?

De la misma manera, su vida no ha recibido menos atención: biógrafos, psicólogos y psiquiatras han estudiado los hechos que le afectaron personalmente y que se vieron reflejados en su obra. Una de sus hermanas, Elisabeth Huberta, escribió su primera biografía,[1] en un tono un poco rosa, disfrazando situaciones, otorgándole consideraciones y disculpándose a sí misma por su falta de compresión ante la vida y obra de su hermano mayor. Más tarde se publicaron las cartas que Vincent le escribiera a su hermano Théo, que cambiaron totalmente la versión de Elisabeth. Su historia y obra han sido llevadas al cine y hasta han sido motivo de estudios psiquiátricos, tratando de establecer la patología que lo orilló al suicidio en 1890.

Entre muchos otros estudios está el del psicoanalista Jean-Pierre Winter,[2] quien sostiene que uno de los principales motivos de la locura de este artista fue la total falta de imaginación del matrimonio Van Gogh para escoger los nombres de sus hijos, lo que originó en todos, principalmente en Vincent, serios problemas de identidad y género. Empecemos por el padre: Théo —«dios» en griego—, que era pastor protestante y tuvo diez hermanos; sus familiares más cercanos fueron Hendrick Vincent —tío Hein—, Johannes —tío Jan—, Cornelis Marinus —tío Cor— y Vincent —tío Cent. Este último ejercía una poderosa influencia sobre él, tal como luego se repitió en la relación de sus dos hijos, a quienes puso el mismo

1 Elisabeth H. van Gogh, *Vincent van Gogh, recuerdos personales contados por su hermana*, Barcelona: Parsifal, 1998.
2 «Effacer l'effacement», en *Le Point*, núm. 913, marzo 1990.

nombre. El padre de Théo el pastor, abuelo del pintor, se llamaba también Vincent y era igualmente pastor de profesión, por lo que no resulta extraño que Vincent, en algún momento de su vida, haya seguido los pasos del padre y del abuelo, al intentar convertirse por su cuenta en pastor.

El tío Cent tuvo un gran dominio sobre su hermano, a tal punto que lo casó con la hermana de su esposa: Anna Cornelia Carbentus. Théo y Anna Cornelia llamaron Anna Cornelia a su primera hija y Vincent Willem —Willem por el abuelo materno— al primogénito muerto al nacer el 30 de marzo de 1852, un año exacto antes de que Vincent Willem, el pintor, naciera —30 de marzo de 1853—. Así, el pequeño Vincent creció celebrando su cumpleaños en el aniversario luctuoso de su hermano; cuatro años más tarde nació Theodorus Vincent y seis años más tarde, Elisabeth.

El matrimonio Van Gogh completó el cuadro con los nombres de sus dos últimos hijos: Wilhelmina Jacoba y Cornelis Vincent; el resultado de sortear todos los nombres anteriores. Para colmo, el primer amor de Vincent fue una prima viuda de nombre Cornelia Adriana, quien, sin proponérselo, le rompió el corazón al rechazar su propuesta de matrimonio.

Quizá el pobre Vincent cargaba con la responsabilidad de la continuidad y permanencia de los Vincent van Gogh en el mundo; tal vez éste sea uno de los motivos por los que hizo tantos autorretratos. Théo, por su parte, fue marchante de arte como los tíos Hein, Cor, Cent y Mauve, y se casó con una mujer llamada Johanna —tocaya del tío Johannes—, con quien tuvo un hijo a quien llamaron —¿cómo creen?— nada más y nada menos que ¡Vincent Willem! La situación parece cómica, pero de alguna manera nos da luz sobre la vida del pintor en cuanto a su relación familiar; a cualquiera que le pasara esto se volvería loco de igual forma.

Vincent fue una carga para su padre y su relación con él fue bastante mala. Intentó seguir su profesión sin lograrlo, fue maestro de francés y fracasó. Antes había trabajado como marchante de arte con el tío Mauve y fue despedido. Los últimos diez años de su vida los dedicó a pintar, sin obtener, claro está, ningún tipo de reconocimiento. Tampoco logró tener una pareja estable ni ser autosuficiente.

Numerosos especialistas han aportado sus teorías sobre la enfermedad que padeció Vincent. Por ejemplo, Karl Jaspers lo diagnosticó simplemente como esquizofrénico. Por su parte, el doctor Peyron menciona una «manía aguda» que no tiene relación alguna con el «estado maníaco». Por otro lado, dado que las fases de euforia y de melancolía que sufría no eran cíclicas, también se descartó la «psicosis maniacodepresiva». El psiquiatra Edouard Zarifian[3] sostiene que dentro de la familia Van Gogh la epilepsia era frecuente,[4] y si a ésta agregamos una profunda desnutrición y un alcoholismo acentuado —Vincent bebía ajenjo en exceso—, el resultado son crisis con fuertes alucinaciones, así como actos impulsivos e incoherentes seguidos de amnesia. Cabe recordar que el ajenjo contiene componentes que favorecen las crisis de excitación y las convulsiones. El cedro, la tuya y el alcanfor que contiene son sustancias enormemente tóxicas; coincidentemente, la trementina que se usa para diluir la pintura al óleo también contiene estos elementos. Menciona el propio pintor que en Saint-Rémy intentó suicidarse bebiendo esta sustancia y comiéndose sus pinturas. La sífilis ha sido mencionada también, pero sin ningún fundamento.

Lo que es un hecho —no se necesita más que sentido común para sacar esta conclusión— es que Vincent estaba consciente de su

---

3 «Le genie n´est pas une maladie», en *Le Point*, núm. 913, marzo 1990.
4 Elisabeth Huberta menciona vagamente los ataques epilépticos que aquejaron a Vincent una vez que se instaló en París en 1886.

enfermedad nerviosa, de su situación, del desamor y el mal que su padre le hacía y, sobre todo, de la carga que era para Théo. Todo esto le generaba tal angustia, insomnio y desesperación que a su vez lo hacía recaer, lo que formaba un círculo vicioso. Lo interesante es que a medida que su enfermedad se agravaba, su pintura se volvía más fuerte, más sinuosa, más espesa, más auténtica

Árbol genealógico de los Van Gogh

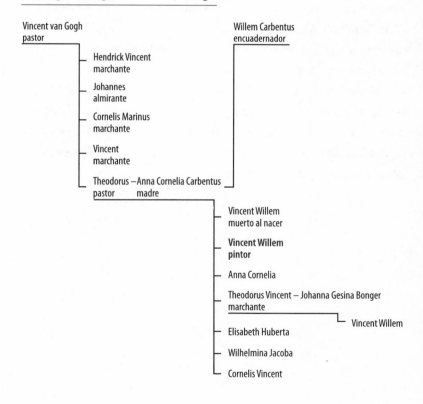

y propia. Lo que para Gauguin[5] era «pintar muy rápido», para Van Gogh era «ver muy rápido». Firmaba sus cuadros como Vincent, ya que prefería llamarse y hacerse llamar así. En una carta a Théo insiste en que el nombre que debe incluirse en cierto catálogo es Vincent y no su apellido, por la sencilla razón de que es difícil pronunciarlo. En otra carta a Théo afirma: «No soy ningún Van Gogh»

Vincent se suicidó con un balazo en el pecho y agonizó durante dos días, lo que le permitió a Théo despedirse de él. El dolor de perder a su héroe y hermano fue tal que en el entierro se desmayó y tan sólo seis meses más tarde, el 25 de enero, murió. Los dos hermanos reposan uno junto al otro, desde 1914, en el cementerio de Auvers-sur-Oise.

Freud sostiene que el hombre produce arte impulsado por la «angustia creadora» que lo impele a expresarse por distintos medios. Tal vez Vincent, debido a esta «angustia», entregó su vida entera a la plástica y al arte, pero: «¿El arte qué me da?», mencionó lamentándose en una de sus cartas. ☙

---

5 Paul Gauguin vivió con Vincent en Arles en 1888; ambos tuvieron un sinfín de desavenencias que provocaron que este último se cortara una oreja la noche anterior a la Nochebuena.

Picasso, un trazo, una figura[1]

«*Has de empezar a dibujar para saber qué
quieres dibujar.*»

Pablo Picasso

Un toro luminoso flota en el
espacio. La línea a la que debe
su efímera existencia sigue
fluyendo. Por un instante, un *flash* saca al artista de la oscuridad
que sirve de fondo para el dibujo. No alcanza a ver lo que nosotros
reconocemos, gracias a la cámara, que ha perpetuado la huella de

---

1 Extracto de la Introducción al libro *Picasso, trazos y dichos* de Thomas Heyden,
Barcelona: Ediciones B, 1997.

su mano. La fotografía del frontispicio, una instantánea de esta escena, es obra de Gjon Mili, que visitó a Picasso en Vallauris, en 1949. Tenía intención de pedir al artista que dibujara en el aire con una especie de linterna. Las exposiciones prolongadas a la luz permitían que las figuras luminosas perduraran. En ellas queda plasmada la maestría de Picasso, que Aldo y Piero Crommelynck han descrito como la «rapidez extraordinaria de su mano, ligada a la correspondiente rapidez de su espíritu, su idea del todo». El toro de luz puede incluirse en una categoría de dibujos en los que una sola línea continua confiere forma a seres vivos y objetos. No existe un segundo trazo, no hay vuelta atrás ni posibilidad de hacer trampa. La primera línea es la definitiva, porque es a un tiempo la última. La «idea del todo» es aquí condición *sine qua non*.

En la prolífica obra de Picasso, estos dibujos de un solo trazo representan un fenómeno aislado, aunque, fascinante en extremo. Como curiosidades de su virtuosismo merecen nuestra atención incondicional. De hecho, Picasso no creía en la distinción entre formas de expresión de mayor o menor importancia. «En mi opinión, todo es importante, no existe diferencia alguna entre obras grandes y pequeñas.» Los hilos conductores de su arte resurgen con la contemplación íntima y despliegan todas las facetas de Picasso, el mundo del circo, la plaza de toros, los arlequines, los pierrots, los músicos callejeros, los animales y las naturalezas muertas.

A lo largo de su vida fecunda, Picasso regresaba una y otra vez a los dibujos de una sola línea. Los ejemplos aquí recopilados pertenecen a distintas fases de su obra. Los más antiguos son bocetos de animales relacionados con su intención de ilustrar *Le bestiaire ou cortège d'Orphée* de Guillaume Apollinaire. Son de 1907, año en que, con su obra maestra *Les demoiselles d'Avignon*, fundó el cubismo.

Los dibujos de un solo trazo del maestro alcanzaron su cúspide entre 1918 y 1924, época de vertiginosa multiplicidad estilística en que la línea, bajo los auspicios del neoclasicismo, tan centrado en los contornos, pasó a desempeñar un papel preponderante. En los arlequines de 1918, la línea ejecuta verdaderas piruetas. La danza burlesca de otros bufones extrae su ritmo únicamente de la energía de la línea, trazada en nudos corredizos anchos y en otros más estrechos. Casi alcanzamos a ver el atuendo holgado que forma pliegues nuevos a cada instante.

Picasso dibujó unos músicos en 1919, cuando trabajaba en una portada para la primera edición de la versión para piano del *Ragtime* de Igor Stravinski. Con los intérpretes de banyo, Picasso hizo referencia a los orígenes del *ragtime*, que había evolucionado a partir de dicho instrumento. Acompañado de un pianista y un perro, un personaje está sentado con su banyo en el centro de una de las escenas de músicos callejeros más elaboradas (figura 1), que recuerda un poco las imágenes poéticas de Joan Miró. La línea de base está trazada a lápiz y reforzada con tinta china. Ello se pone de manifiesto en el trazo ancho

FiguRA 1. *Estudio para la cubierta de la partitura «Ragtime» de Igor Stravinski,* 1919.

en forma de hoz que insinúa el sombrero del intérprete. La curva ascendente y descendente del trazo, así como sus florituras, recuerdan el antiguo arte de los calígrafos, que con frecuencia remataban las letras con adornos muy artísticos. ¡Poco falta para que podamos leer en los dibujos de Picasso! Aun sin quererlo, intentamos descifrar la palabra que parecen formar las manos del pianista. Los dibujos de un sólo rasgo del pintor tienen su origen en la escritura, en sus movimientos y en su economía lineal. Con las escenas circenses de 1920, artistas y caballos aparecen envueltos en la circunferencia de la arena. Como domador de fieras, vemos también al centauro que Picasso dibujó aquel mismo año (figura 2). Este ser mitológico es uno de sus dibujos de una sola línea más logrados. La gravidez musculosa del cuerpo que se encara con el espectador se hace tangible en el arabesco de la vírgula. Es un verdadero placer seguirla desde el látigo hasta la crin, pasando por el laberinto de lazos y curvaturas.

A partir de 1917, Picasso se dedicó también a la escenografía y al diseño de vestuario teatral. Dicha época tocó a su fin en 1924, con el trabajo realizado para el ballet *Mercure*, cuya música era obra

FIGURA 2. *Centauro*, 1920.

de Erik Satie. El proyecto se acompañaba de dibujos de bailarinas. Es posible que Picasso se inspirara en la danza de las tres Gracias con Mercurio, de la segunda escena de la parodia mitológica, para el dibujo de las tres danzarinas (figura 3).[2] La línea se ciñe al contorno. Mientras que las dos figuras de la izquierda constan de dos líneas cada una, la bailarina de la derecha comprende un solo trazo. La cabeza echada hacia adelante aparece en molde negativo.

Picasso no era el único que se interesaba por la línea continua. Con sus obras plásticas de alambre, realizadas en la segunda mitad de los años 20, Alexander Calder tradujo el concepto de unilinealidad al ámbito tridimensional. *La bailarina*, de 1929, guarda relación con las bailarinas que Picasso dibujó para *Mercure*. Por supuesto, también Paul Klee, el teórico e investigador sistemático del lenguaje de las líneas, se dedicó a los dibujos realizados sin levantar el lápiz. Su obra *Kleiner Narr in Trance*, de 1927, existente en diversas versiones, constituye uno de los ejemplos más bellos.

2 Esta obra ilustró el primer número de *Algarabía*, ya que refleja justamente el dinamismo de su contenido.

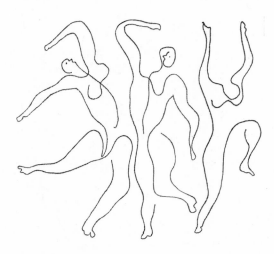

FIGURA 3. *Estudio para el ballet «Mercurio»*, 1918.

Los dibujos de un solo trazo de Picasso son un regalo para la vista. Un placer que halla su máxima expresión cuando nos situamos en la misma longitud de onda del maestro, que en cierta ocasión apoyó el dedo sobre la fotografía de una de las figuras que Miguel Ángel pintó en la Capilla Sixtina, acompañó con él la línea del cuerpo y exclamó: «¡Qué placer seguir esta línea!». ☺

Bloomsbury, el grupo de un largo fin de semana

«*Nunca sucede nada, hasta que se le describe.*»

Virginia Woolf

A lo largo de la historia del arte han existido diferentes tipos de agrupaciones, constituidas por artistas e intelectuales, que han revolucionado lo ya establecido e implantado nuevas estructuras y formas de ver, no únicamente el arte, sino también la sociedad, el mundo y la vida misma. La mayoría de estos círculos de estudio y creación han utilizado medios de expresión artística como la plástica, la literatura, la música o la poesía, pero otras se han dedicado a la investigación científica o humanística.

Lo más rescatable de este tipo de asociaciones es que en ellas se manifiesta una sinergia espontánea, en la que cada uno de los artistas muestra su propia voz interior, pero, a la vez, forma parte de un conjunto que resalta dentro de una época llevando un estandarte ideológico, filosófico y artístico. Esta dualidad —individuo-gremio— se complementa, ya que el intercambio de ideas, opiniones y tendencias siempre resulta enriquecedor. Por ejemplo, René Magritte es conocido como artista sobresaliente por su obra, pero, también, por pertenecer al movimiento surrealista ideado por André Breton.

En Francia, en el siglo XIX, surgió un grupo que se autonombró «Los Parnasianos», por la palabra griega que hace referencia a la cima del monte Parnaso, donde habitaban las musas inspiradoras, y la influencia de la publicación *El Parnaso Contemporáneo*; Leconte de Lisle encabezaba este movimiento de poetas. Por su parte, el México de finales de la década de los años 20 también fue escenario de una agrupación de intelectuales llamada «Los Contemporáneos», integrada por Jorge Cuesta, Gilberto Owen, Xavier Villaurrutia, Salvador Novo y José Gorostiza, entre otros. Este grupo creó buena parte de la mejor literatura mexicana del pasado siglo.

De forma similar, en los comienzos de ese siglo nació otro singular grupo de pintores, novelistas, críticos de arte, economistas, historiadores y psicoanalistas, que se reunían en un carismático barrio londinense cerca de la Universidad de Londres. Este lugar, otrora anodino y poco seguro, adquiriría una personalidad magnética a través de la vida bohemia que ahí se desarrolló entre 1904 y 1930. Quizá ese colectivo intelectual fue el que más influyó en la fama de ese sitio, en un tiempo en que los valores se encontraban en crisis, como resultado del estallido de la Primera Guerra Mundial.

Dicho movimiento cultural, decantado por el pacifismo, encontró —más que por azar— un punto de reunión en el entonces suburbio londinense de Bloomsbury, del que tomaron el nombre sus participantes, la mayoría proveniente del Trinity College de Cambridge, pero con características divergentes en cuanto a sus tendencias filosóficas, políticas y, sobre todo, estéticas.

Los integrantes del grupo comenzaron a reunirse en casa de los hijos de *Sir* Leslie Stephen —destacado historiador, crítico, editor y hombre de letras victoriano—: la escritora Virginia Stephen Woolf y su marido, el economista Leonard Woolf; Vanessa Stephen Bell y su esposo, Clive Bell, y Thoby y Adrian Stephen. Posteriormente, después de recurrentes invitaciones por parte de la familia Stephen, otros intelectuales empezaron a sumarse al círculo, como el economista John Maynard Keynes, el pintor Duncan Grant —que, por cierto, fue influido por Roger Fry, otro integrante de la agrupación—, el periodista Desmond McCarthy, el historiador Lytton Strachey, el psicoanalista James Strachey —un estudioso de la teoría freudiana que presentó la obra de Freud en Inglaterra— y el filósofo Ludwig Wittgenstein.

Este movimiento generó obras que dieron fama a cada uno de sus miembros, pero que son resultado de un esfuerzo colectivo, ya que el grupo nutrió sus intelectos y revitalizó sus ideas. Una de las premisas de Bloomsbury era que «si no se tiene honestidad intelectual, jamás se llegará a una honestidad pública», por lo que objetaba la moral victoriana y la sociedad hermética e indiferente. Virginia Woolf —quizá el miembro más famoso de este grupo— creó una nueva forma de escribir. Su aguda percepción, aunada a la utilización de nuevos puntos de vista en el narrador, puntos de fuga y encuentros simultáneos con la realidad, le permitió crear una narrativa única. Por ejemplo, de su libro *Kew Gardens,* Sergio Pitol nos dice: «¿Qué es

Kew Gardens sino un conjunto de manchas de color oscilantes bajo los juegos de la luz, el reflejo de un extraviado hilo de sol en una gota de rocío, el aleteo blanco y azul de unas mariposas? A la trémula sombra de las altas encinas, un caracol se esfuerza en arrastrarse bajo las nervaduras de una hoja caída. Todo es temblor y reverberación; atmósfera y color». Para Virginia Woolf, el monólogo interior fue un instrumento eficaz para sondear la oscuridad de la conciencia frente al mundo exterior: todo debía fundirse, tanto el pensamiento como los detalles de nuestra cotidianidad.

También se burlaba de la prohibición que impedía a la mujer entrar en las bibliotecas y polemizaba con los novelistas de la generación anterior: Herbert George Wells, Arnold Bennett y John Galsworthy, descendientes de la novela victoriana. Así, Bloomsbury se convirtió en un ejemplo de inclusión de las mujeres como miembros importantes de un grupo de estudiosos. En éste, ellas adquirieron una actitud participativa dentro del ámbito público, artístico y social, que las hizo destacar en una sociedad encorsetada que aún arrastraba viejos convencionalismos —pero que, en parte gracias a los esfuerzos de estas intelectuales, otorgó el derecho al voto a las mujeres en 1928.

Por su lado, Vanesa Bell reflejaba su propia personalidad al expresar en la plástica su voz interior, a través de una pintura peculiar y audaz que experimentaba con los estilos postimpresionistas. Sus cuadros se identifican —e intensifican— por la ausencia de rostros; además, ilustraba libros de forma extraordinaria, logrando una relación íntima entre los dibujos y el texto.

Otro miembro del grupo, Roger Fry, pintor y crítico de arte, fundó en 1913 —con el auspicio económico tanto de los propios miembros del grupo como de algunos burgueses simpatizantes de las artes— los Talleres Omega —Omega Workshops—, que sirvieron como espacio dinámico, abierto a gran diversidad de corrientes y artistas plásticos. Todos los participantes de estos talleres —estudiantes que se encontraban en vías de formación y del encuentro con su propia manifestación artística— hallaron ahí los medios para ganarse la vida pintando cuadros, decorando interiores y diseñando gran variedad de objetos de uso cotidiano —mesas, sillas, camas, vasos, jarras, entre otros—. Esto resultaba siempre novedoso, estimulante y revolucionario, sobre todo en una época en que el arte objeto era una excentricidad. El estallido de la Primera Guerra Mundial contribuyó, entre otras cosas, a la disolución de estos talleres.

Muchos de los inmuebles antiguos del barrio londinense fueron rescatados de su semblante álgido y pétreo por los miembros del colectivo, para transformarlos en espacios vivos, de gran colorido y plenos de figuras evocadoras. Lamentablemente, los bombardeos de la Segunda Guerra Mundial acabaron con gran parte de estas edificaciones.

Las reuniones de este círculo de insignes se efectuaban sin falta todos los jueves, y constituyeron en esos tiempos difíciles, de odio, incertidumbre y nostalgia, el estereotipo del porvenir. También se agrupaban en otros recintos, como la Charleston Farmhouse —la casa de Vanessa Bell—, cuyas paredes pintaron por completo y de la que su hijo Quentin Bell —pintor destacado y ceramista, biógrafo de Virginia Woolf— dijo: «Es una casa como podríamos haberla hecho nosotros mismos para vivir en ella, con la sola diferencia de que es distinta porque sus habitantes expresaron libremente su deseo de plasmar en las paredes su sello personal».

Bloomsbury se considera hoy un grupo reformista, pero, a decir verdad, en ese momento era visto como un grupo elitista, lascivo y hasta amoral, en el que «todo se valía», incluso, las prácticas «omnisexuales». Ray Costelloe afirmó recientemente: «Fue, sin lugar a dudas, un grupo de personas fascinante, auténtico, endógeno y excéntrico».

Esta memorable agrupación atípica y creativa vivió las limitaciones del periodo comprendido entre las dos guerras mundiales. Robert Graves, desde su propia perspectiva, aludió a ese *impasse* dramático de la entreguerra como un fin de semana que se prolonga. Podríamos retomar este concepto para aplicarlo a estos singulares miembros y con el mismo matiz designarlos como «el grupo de un largo fin de semana». ☙

El dadaísmo y la destrucción del arte

«Basta de pintores, basta de escritores, basta de músicos, basta de escultores, basta de religiones, basta de republicanos, basta de monárquicos, basta de políticos, basta de burgueses, basta de policía, basta de patria... basta de todas estas imbecilidades: ya nada, NADA, NADA, NADA.»

Louis Aragon, 1919

De acuerdo con las propias ideas dadaístas, este movimiento no podría llamarse *dadaísmo* y mucho menos ser considerado una corriente artística, pues Dadá[1] no es arte, sino «antiarte», irracionalidad deliberada, desilusión, cinismo, absurdo, rechazo y azar; es eminentemente nihilista —nada hecho por el hombre vale la pena, ni siquiera el arte—. De hecho, el dadaísmo es al arte lo que el anarquismo a la política.

Nacido en Zúrich, Suiza,[2] durante y como consecuencia de la destrucción causada por la Primera Guerra Mundial, el dadaísmo, como antiarte, pretendía representar el opuesto absoluto del arte: donde el arte es estético, lo dadaísta es antiestético; allí donde el arte tiene un mensaje, el dadaísmo no tiene ninguno; si el arte debe exaltar los sentidos, Dadá debe afrentarlos. Era una forma de expresar la confusión del convulsionado mundo de la posguerra, no para hallar algún sentido en el desorden, sino, más bien, para aceptar el desorden y el caos como la verdadera naturaleza del mundo: rechazar la cultura y destruir la estética. «En lo plástico, el dadaísmo introdujo algo que se ha convertido en lo característico de toda la época, tanto en arte como en los demás campos: la pretensión de falta de estilo. Se destruían las formas anteriores, pero no se intentaba introducir otra, sino buscar la destrucción misma: la negación de forma y estilo.»[3]

---

1 El origen del nombre *Dadá* es incierto. Algunos creen que es una palabra sin sentido. Otros, que se origina del uso frecuente de la palabra rumana *da* —«sí»— por los rumanos Tzara y Janco. Algunos más piensan que, en una de las primeras reuniones de los dadaístas en Zúrich, en 1916, se tomó al azar la palabra *dada* —coloquialismo francés para «pasatiempo»— de un diccionario francés-alemán.
2 Cabe mencionar que en 1915 ya se había tendido la primera piedra del movimiento en Nueva York, con la reunión de Marcel Duchamp, Francis Picabia y Man Ray.
3 J. F. Rafols, «Del irracionalismo al surrealismo», *Historia del arte*, Barcelona: Óptima, 2002; p. 484.

En 1916, Hugo Ball, Emmy Hennings, Tristan Tzara, Hans Arp, Richard Huelsenbeck, Sophie Täuber —todos exiliados en Zúrich— y otros discutieron sobre el arte e hicieron presentaciones en el cabaret Voltaire —que Ball había abierto— en las que expresaban su desprecio por la guerra y trataban siempre de provocar el mayor escándalo posible. También expusieron las obras de otros artistas con los que sentían afinidad, como Picasso, De Chirico, Modigliani, Max Ernst, Feininger, Kokoschka y Kandinski. Ese mismo año redactaron su manifiesto:

«Dada no significa nada. Si alguien lo considera inútil, si alguien no quiere perder tiempo por una palabra que no significa nada[...] El primer pensamiento que se agita en estas cabezas es de orden bacteriológico[...] hallar su origen etimológico, histórico o psicológico por lo menos. Por los periódicos sabemos que los negros Kru llaman al rabo de la vaca sagrada: *dada*. [...] Toda forma de asco susceptible de convertirse en negación de la familia es dada; la protesta a puñetazos de todo el ser entregado a una acción destructiva es dada; el conocimiento de todos los medios hasta hoy rechazados por el pudor sexual, por el compromiso demasiado cómodo y por la cortesía es

ARRIBA: Man Ray, dibujo.

PÁGINA 61: John Heartfield, *Der Dada 3*, 1920.

dada [...] Libertad: dada, dada, dada, aullido de colores encrespados, encuentro de todos los contrarios y de todas las contradicciones, de todo motivo grotesco, de toda incoherencia: la vida».

Tristan Tzara, Franz Jung, George Grosz,
Marcel Janco, Richard Huelsenbeck, *et al*.

Cuando cerró el Voltaire, las actividades se mudaron a una nueva galería y Ball dejó Europa. Entonces, Tzara comenzó con gran determinación una campaña para difundir las ideas dadaístas: bombardeó a artistas y escritores franceses e italianos con cartas, y así se transformó en el líder y estratega maestro del Dadá. En Zúrich, y más tarde en París, Tzara publicó la revista de arte y literatura *Dadá*, en 1917, y, al terminar la guerra, cuando el grupo se dividió y los distintos artistas regresaron a sus países, el dadaísmo se expandió a otras ciudades: Nueva York y Berlín, Barcelona y Hannover, París y Roma, Colonia, Budapest y Tokio.

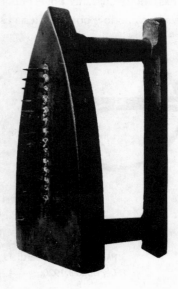

Man Ray, *Regalo*, 1921.

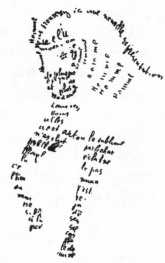

Guillaume Apollinaire,
Tout terriblement, 1920.

Marcel Duchamp,
La fuente, 1917.

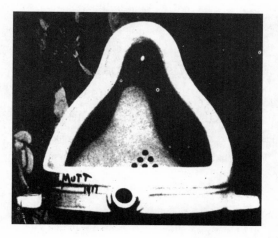

Al terminar la guerra y particularmente en la derrotada Alemania, el dadaísmo tomó un tinte político; en Colonia se manifestó con gran agresividad. En 1920 se organizó una exposición a la que se entraba por los urinarios y se proveía al público de hachas para destrozar la obra expuesta, mientras escuchaba la poesía obscena que declamaba una niña con un vestido de primera comunión. Sin embargo, el dadaísmo, al negarse a sí mismo, acabó por desaparecer, mutando hacia el surrealismo que buscaba la creación romántica; no obstante, éste tomó algunas técnicas fotográficas y cinematográficas del dadaísmo, así como elementos para la fabricación de objetos, como el ensamble incongruente.

En la literatura y pintura, por ejemplo, los surrealistas practicaban el «cadáver exquisito», es decir, que en un papel escribían o dibujaban una parte del cuerpo humano; después lo doblaban de manera que el siguiente no pudiera ver nada de lo escrito o dibujado anteriormente.

Dadá dejó una insondable impresión en las vanguardias subsiguientes, como los *happenings*, el arte pop, la pintura póvera y la música rock.

«Kikakoku!
Ekoralaps!
Wiso kollipanda opolôsa
Ipassata ih fûo
Kikakoku proklinthe petêh.»

Poema fónico de Paul Scheerbart de *Una novela ferroviaria, te amo* (1900), citado en *Courier Dadá* de Raoul Haussmann.

Vanguardia surrealista

A principios del siglo XX, el mundo se transformaba rápidamente. En 1913, tan sólo tres años después de iniciada la Revolución Mexicana y uno antes de que empezara la Primera Guerra Mundial, en Nueva York se llevó a cabo la gran exposición de arte contemporáneo europeo The Armory Show, que marcó la apertura de EE.UU. hacia el arte moderno. A partir de entonces se empezó a hablar de movimientos de vanguardia como el cubismo —creado por Pablo Picasso y descubierto por Guillaume Apollinaire— y el futurismo —concebido por Filippo Tommaso Marinetti—, entre otros.

Posguerra

Años después, en la época de entreguerras, vio la luz el mundo surrealista, una vanguardia basada en sueños y fantasías que transforma
lo real en superreal o hiperreal. El surrealismo fue un movimiento
artístico y literario fundado por el poeta y crítico francés André Breton,
que, en 1924, publicó sus propósitos y postulados en el *Manifiesto
surrealista*. Más allá de ser una mera vanguardia estética, el surrealismo
aparece y se consolida como una actitud social y, después, como un
compromiso político que llevaría a sus fundadores a afiliarse al Partido
Comunista, del que más tarde serían expulsados. Breton aseguraba
que la situación histórica de la posguerra exigía un arte nuevo que
se esforzara por indagar en lo más profundo del ser humano: el
inconsciente. De esta manera, el surrealismo retoma la importancia
de la imaginación y de la autonomía del arte y descarta los prejuicios
de la razón: el estético, el religioso, pero, sobre todo, el moral.

El movimiento surrealista retomó varias teorías freudianas —el
propio Breton era seguidor de las ideas de Sigmund Freud y su ya

Max Ernst, *Los dioses
oscuros*, 1957.
Salvador Dalí, *Leda
atómica*, 1949.

arraigada teoría psicoanalítica—, con la pretensión de mostrar el inconsciente a través de la actividad creadora, al tiempo que destacaba el poder revelador y transformador de los sueños y exponía, así, los instintos más reprimidos y primitivos.

SUPERREALISMO

El término *surrealismo* —del francés *surréalisme*: *sur*, «sobre, encima», y *réalisme*, «realismo»— fue acuñado por Apollinaire y popularizado a través de la revista *Littérature*, que Breton fundó en 1919 al lado de Louis Aragon y Philippe Soupault, y en la que personajes de distinas nacionalidades y disciplinas artísticas, como el poeta francés Paul Éluard, el pintor, también francés, Francis Picabia o el magnífico fotógrafo estadounidense Man Ray, entre otros muchos, publicaban sus planteamientos vanguardistas. Posteriormente, en 1924, *Littérature* fue sustituida por una nueva publicación más contestataria que se convertiría en el órgano de expresión común del grupo de surrealistas: *La Révolution Surréaliste*.

IZQUIERDA: Manuel Álvarez Bravo, *La buena fama durmiendo*, 1938.
DERECHA: Man Ray, *Lágrimas*, 1933-59.

PÁGINA 67: René Magritte, *Golconda*, 1953.

Para el surrealismo, la belleza debe afectar realmente al espectador. Lo «bello» se vuelve *maravilloso*, lo que crea «convulsión» —agitación, temblor, estremecimiento, etcétera— en el sujeto que admira la obra. La idea de convulsión viene del movimiento Dadá,[1] que buscaba la transformación cultural a través del desconcierto, el inconformismo, el nihilismo, la ironía, y la negación de la racionalidad y de todos los valores establecidos. El surrealismo encontró sus raíces y su principal influencia en la libertad de creación y expresión del dadaísmo, que busca asumir el arte y el conocimiento en la vocación libertaria sin límites, la exaltación de los procesos oníricos, el humor corrosivo y la pasión erótica, concebidos como armas de lucha contra la tradición cultural burguesa.

NI EN SUEÑOS

El movimiento surrealista se consideró como un medio para el conocimiento de nuevos ámbitos que hasta el momento no habían sido

---

1 Vanguardia anterior al surrealismo, fundada por Tristan Tzara, que declara la muerte del arte.

IZQUIERDA: Luis Buñuel, fotograma de *Un perro andaluz*, 1929.
DERECHA: Philippe Halsman, *Dalí atomicus*, 1948.

explorados, como el inconsciente, los sueños, la locura, los estados de alucinación, etcétera. En las obras se transcriben los sueños de una manera casi fotográfica, se utilizan formas abstractas y fantásticas, colores variados, temas irreconocibles y figuras caprichosas. Así, cada obra se singulariza, puesto que es una realidad psíquica pura, una auténtica producción del inconsciente personal. Para plasmar las representaciones de éste, los artistas utilizaban distintas técnicas, entre las que destaca el uso de drogas y alucinógenos. En esa búsqueda, Jacques Vaché, literato francés y amigo de Bretón, murió de una sobredosis de opio.

Otra de las técnicas compositivas más características del surrealismo fue la teoría del automatismo psíquico puro, que intentaba expresar el funcionamiento real del pensamiento y se basaba en la asociación libre que exponía la teoría freudiana.[2] La técnica del automatismo psíquico se lleva a cabo mediante cadenas

---

2 En psicoanálisis, la asociación libre consiste en que el paciente exprese todos sus pensamientos, sentimientos, emociones y fantasías, sin restricción alguna. La asociación se produce en el paciente como resultado de la exposición verbal de todas sus producciones mentales en general, mediante la guía del analista.

Frida Kahlo, *Las dos Fridas*, 1939.

de pensamientos, sin importar si son coherentes o no, dejando que el pensamiento fluya sin ponerle trabas, para que aflore el inconsciente y la mente sea liberada. El creador manifiesta una idea, pensamiento o sentimiento y lo plasma —en forma de frases en la literatura, de pinceladas si se trata de pintura, etcétera—, obedeciendo únicamente a lo que la imaginación arroja en ese momento. En el automatismo psíquico puro, el autor reduce al mínimo el control consciente que tiene sobre su obra, de modo que ésta sea creada mediante la fuerza pura del subconsciente, sin la influencia de algún factor racional o estético; en él se relatan sueños, lógicos o ilógicos, que son el puro reflejo del inconsciente humano. Eso es lo que al surrealismo le interesa retratar. El propio André Breton definía así esta técnica en su primer *Manifiesto surrealista*: «Dictado mental sin control alguno por parte de la razón, más allá de toda reflexión estética o moral».

En 1924, año de su nacimiento, el surrealismo ya tenía muchos adeptos entre poetas, literatos, pintores, escultores y hasta actores. Algunos de los más connotados fueron el artista plástico y poeta

francoalemán Jean Arp, el pintor francoestadounidense Yves Tanguy, el belga René Magritte, los franceses Max Morise y André Masson, el alemán Max Ernst, el italiano Giorgio de Chirico, el suizo Alberto Giacometti y el español Joan Miró —que abandonó el grupo para no someterse a los dictados de André Breton—, así como el poeta y dramaturgo, también español, Federico García Lorca, entre otros.

El pintor catalán Salvador Dalí se asoció al movimiento en 1930, pero después sería relegado por la mayoría de los artistas surrealistas, acusado de estar más interesado en la comercialización de su arte y de su excéntrica persona que en las ideas del movimiento. A pesar de ello, fue, en muchos casos, el artista más renombrado del grupo y su obra constituye, hasta la fecha, una de las muestras más representativas del surrealismo, no sólo en la pintura, sino también en el cine. Su obra cinematográfica más relevante es *Un perro andaluz* (1929), cortometraje realizado junto al cineasta surrealista español Luis Buñuel, entre cuyos filmes se encuentran también *Viridiana* (1961), *El ángel exterminador* (1962) y *La vía láctea* (1969).

PÁGINA ANTERIOR, IZQUIERDA: René Magritte, *Filosofía en el tocador*, 1947.
DERECHA: Remedios Varo, *Naturaleza muerta resucitando*, 1963.

Joan Miró, *Paisaje*, 1924-25.

En la década de 1940, coincidiendo con el exilio en México de artistas españoles influidos por el surrealismo —como Remedios Varo— y con la visita de Breton, el movimiento se extendió entre los círculos intelectuales mexicanos. Nuestro país fue la primera región latinoamericana donde repercutió el surrealismo. Frida Kahlo, Diego Rivera, Manuel Álvarez Bravo, Leonora Carrington, Xavier Villaurrutia y hasta Octavio Paz sucumbieron a la tentación de expresarse, en algún momento, bajo los cánones de esta corriente.

El surrealismo convierte lo bello en maravilloso, el mundo de los sueños y fantasías en realidad. Un mundo en el que cabe aplicar aquella pinta del mayo del 68 en Francia: «El sueño es realidad. ¡Sed realistas: exigid lo imposible!». ⊙

Sonrisas en la guerra

«Soy un alborotador nato, así que bien podría vivir de ello.»
Bill Mauldin

Bill Mauldin fue un chico sencillo de Mountain Park, Nuevo México, que se enlistó en el ejército de EE. UU. a los 19 años, en 1940, para convertirse en soldado, artista, caricaturista —o monero, en caló mexicano— y, después, periodista —ganador en dos ocasiones del premio Pulitzer, en 1945 y 1959—. Lo esencial es que sus caricaturas fueron un factor importante y positivo para elevar la moral de sus compañeros de uniforme en las oscuras horas de la Segunda Guerra Mundial.

Bill sirvió como soldado en la 45ª división de infantería durante la larga y tediosa campaña de Italia (1943-1945), y comenzó a dibujar caricaturas sobre la vida cotidiana del soldado común o *G. I.*[1] en el diario del ejército *Barras y estrellas*. Sus famosos personajes, Willie y Joe, con su sátira ingeniosa y humor negro, se granjearon la popularidad entre todos los *G. I.*, así como la enemistad de los oficiales profesionales, como el general George S. Patton, que amenazó a Mauldin con «refundir su trasero en prisión» por «sedicioso». Sin embargo, el Comandante Supremo Aliado, el general Dwight D. Eisenhower, consciente de cuánto ayudaban esas caricaturas a levantar la moral de los soldados, y tal vez satisfecho por las burlas de Mauldin hacia Patton, dio al joven artista completa libertad.

Bill retrataba acertadamente la dura vida de los soldados, como muestran estas caricaturas:[2]

Su lucha contra el frío

«Es todo por esta mañana, hombres. Rompan filas…
¡que rompan filas he dicho!»

---

1 El acrónimo quiere decir: «*Government Issue*», que, dependiendo del uso, significa «reglamentario», en el caso de cosas, y, en el caso de personas, se convirtió en el sobrenombre común de los soldados estadounidenses.
2 Las imágenes fueron tomadas del libro: Bill Mauldin, *The Brass Ring*, Nueva York: Norton & Company, 1971.

«¿Me prestas una tonelada de azúcar?»

Desayuno en la cama.

«...por los siglos de los siglos, amén. ¡Al suelo!»

«Ninguna noticia, muchachos, es sólo la revista *Jardín Bello*, que pregunta si quiero renovar mi suscripción.»

PÁGINA 75: Bill Mauldin.

La «fraternización» con el enemigo

«¡No lo asustes, que está casi llena!»

«¿No nos habíamos conocido antes, en [la batalla de Monte] Cassino?»

Las heridas y la muerte en la guerra

«Papá, creo que hemos sido liberados.»

«¿Oíste eso, Ferdinando? ¡La invasión terminó y ya no eres mi enemigo!»

«No me mire así, señora, que yo no lo hice.»

«Bienvenidos sean nuestros libertadores.»

Y LOS OFICIALES, ¡SIEMPRE LOS OFICIALES!

«Gracias, señor, ¡sólo nos hacía falta alguien tocando así el claxon!»

Tras una larga y exitosa carrera como caricaturista y periodista, Bill Mauldin murió en 2003, víctima de complicaciones por el mal de Alzheimer. Hoy en día, en tiempos de paz, sus caricaturas continúan haciéndonos reír y reflexionar, tal como hicieron con aquellos muchos hombres que, quizá, lo último que leyeron fue a Bill. ☺

Éntrele a la masa: el Kitsch

A últimas fechas, pareciera que la palabra *Kitsch* ha cobrado fuerza en nuestro vocabulario. Pero, ¿sabemos en realidad a qué nos referimos cuando usamos este término? Creo, de verdad, que su significado, a pesar de los años y de los estudios que ha motivado, apunta siempre hacia la pobreza de la cultura de masas. He aquí el porqué.

DE DISNEY A LA MÚSICA PARA LAS MASAS

De acuerdo con el diccionario Langenscheidt, *Kitsch* significa, lisa y llanamente, «cursi, de mal gusto».[1] Sin embargo, y como es costumbre, una consulta de tal naturaleza no deja nada en claro sobre la complejidad ni los matices que el vocablo-concepto ha adquirido a lo largo del tiempo.

No obstante, como señaló Milan Kundera, a fuerza de usar este término, la sociedad actual ha omitido su sentido metafísico original: *Kitsch* es, en realidad, «la negación absoluta de la mierda»,[2] el no darse cuenta de lo que se consume día a día en este mundo masificado.

Con base en la postura de Kundera, nos ocuparemos primordialmente de la connotación más virulenta que despoja al *Kitsch* de todo sentido constructivo y que, en cambio, lo señala como un mal de la sociedad industrial del cual es prácticamente imposible evadirse.

Primero demos un vistazo al punto de vista que defiende al *Kitsch*. Según éste, es en su accesibilidad industrial donde radica su encanto multitudinario: la nostalgia por Tin Tan, el «redescubrimiento» de Frida Kahlo o, bien, las versiones sinfónicas de Juan Gabriel pueden verse como parte de la esencia del México contemporáneo. Se trata, en suma, de entrarle a la masa, asumir que somos parte de ella y disfrutar siendo uno más.

Ahora bien, según la definición crítica, estas obras también se ven como pretensiones puras, pues, a pesar de todo este jolgorio por la conversión en «arte» de lo vulgar —así era considerado el

---

1 *Eurodiccionario alemán*, Berlín–Munich: Langenscheidt KG, 2001; p. 298.
2 Milan Kundera, *La insoportable levedad del ser*, México: Tusquets, 2005; p. 254.

proverbial pachuco en la década de los años 50—, por añadir un sabor popular a la plástica mexicana al reproducir la obra de Frida Kahlo en playeras y aretes o por «hacerle justicia» a Juanga, el resultado no es más —en opinión de los detractores del *Kitsch*— que la estandarización, la uniformidad de los contenidos que se venden como cultura, cuando no son más que imitaciones.

Rastreemos el origen de este lamento por el abandono de lo exquisito, «de lo auténticamente culto», en dos autores alemanes: Theodor Adorno y Max Horkheimer.[3] En 1944, estos filósofos de origen judío, que, como tantos otros, se vieron obligados a abandonar la Alemania nazi, denunciaron la falsedad de lo que se ostenta como «cultura de masas» a través de una serie de ensayos publicados en el volumen *Dialéctica de la ilustración*.[4] El que lleva como título «La industria cultural» nos revela con mayor nitidez las raíces del *Kitsch* como concepto despectivo. Lo peculiar de toda esta línea de pensamiento es que, mientras miles de inmigrantes que se refugiaron en EE.UU. se mostraron agradecidos con el «tío Sam» por haberles dado cobijo y una vida próspera, para Adorno y Horkheimer, el exilio constituyó una experiencia trágica y decepcionante, pues advirtieron que la supuesta emancipación que se ofrecía a las masas trabajadoras era, en el fondo, la misma tiranía a la que hipócritamente se oponía el régimen americano, pero disfrazada de «alternativas» para divertirse y aprender durante el tiempo libre. La «cultura» producida en serie, transformada en industria, en artículo de moda, intercambiable y, por

---

3 Ambos autores fueron ejes de la Escuela de Frankfurt que reunía a sociólogos, psicólogos, economistas y filósofos asociados al Instituto de Investigaciones Sociales de la Universidad de Frankfurt, con la idea de renovar la teoría marxista de la época, haciendo hincapié en el desarrollo interdisciplinario, a fin de lograr una reflexión global sobre los procesos sociales. Sus inicios se ubican entre 1923 y 1924.

4 Theodor Adorno y Max Horkheimer, *Dialéctica de la ilustración*, Madrid: Trotta, 2001.

tanto, desechable, no era, según ellos, el modo más honesto para que los individuos, inmigrantes o nativos, gozaran de su libertad.

El cine, la música, las películas de Walt Disney y todo el entretenimiento en general resultaban parte de la trampa dispuesta para satisfacer el ocio de las multitudes y, de paso, capturaban los pensamientos de los trabajadores de talleres y oficinas después de largas jornadas laborales.[5] Los dibujos animados se hacían cómplices al enseñar a las masas cómo debían someterse al orden de sus patrones sin respingar. «El Pato Donald, en los dibujos animados, como los desdichados en la realidad, recibe sus golpes para que los espectadores aprendan a habituarse a los suyos», aseguran Adorno y Horkheimer.

El jazz fue uno de los objetivos en que los dos estudiosos alemanes centraron sus ataques. Después de todo, el propio Adorno era un destacado musicólogo y ejecutante de piano; además, había desarrollado amplios tratados de estética. Para su enorme fortuna, no vivió lo suficiente para escuchar la *Sinfonía número 5* de Beethoven, una de las más conocidas, transformada en *hit* discotequero en 1976. Tampoco conoció atrocidades como el famoso *remix Hooked on Classics,* que en México pegó como *Atrapado en los clásicos* y que aún se puede escuchar en Radio Universal a cualquier hora del día.

Indiscutiblemente, Adorno y Horkheimer atribuían esta pérdida de gusto por la alta cultura a la reproducción industrial: no resultaba lo mismo asistir a un concierto sinfónico que escucharlo por radio, una vez que había pasado por el filtro de la ideología occidental y que se le había desprovisto de la energía vital que surge de las ideas. En lugar de ello, la industria cultural transmitía cancioncitas e historias

---

5 El escritor inglés George Orwell ya había condenado esta masificación en 1949 a través de su novela *1984,* en la que nació el hoy famoso, tergiversado y superkitsch Big Brother.

simplonas o publicaba libros condensados, *best sellers*, listos para provocar el efecto deseado, el cual debía ser grato, sin excepción.

LA CONDENA DE ECO AL ERSATZ

Avancemos en el tiempo con Umberto Eco. Para este connotado especialista en semiótica, la década de los años 60 fue de fértil producción ensayística. En 1965 publicó su ya canónico texto *Apocalípticos e integrados*,[6] el cual consagra en buena parte a analizar el fenómeno *Kitsch*. Eco adopta una postura más bien contraria a la cultura de masas que se vende a los incautos como «cultura»; en aquel entonces no sospechaba las mieles de contar, él también, con una serie de jugosos *best sellers*, como *El nombre de la rosa*, novela que, además, fue adaptada para el cine, con muy buenos resultados en taquilla.

El entonces ultracrítico Eco, citando a Hermann Broch, define al *Kitsch* como un *Ersatz*, es decir, como un «epígono», un sustituto del verdadero objeto artístico, concebido para provocar el efecto y el goce por encima de toda reflexión, tal y como lo habían evidenciado ya los críticos alemanes.

Para Umberto Eco, el peligro no está en el sistema que se proclama a sí mismo como liberador y que engañosamente constriñe aún más al individuo, sino en las pretensiones del consumidor, el *Kitsch Mensch* o «experienciante», como él lo llama, puesto que la «experiencia», o el goce pleno, es lo que busca quien apela a fórmulas infalibles: ritmos pegajosos y letras de canciones que repiten 20 veces la palabra *amor* o que apelan a nuestro conocimiento artístico, en promedio, muy limitado —recuerde el lector alguna letra de Arjona en la que se mencionen los nombres de Picasso o de Neruda, o las rimas que este cantautor vende.

---

6 Umberto Eco, *Apocalípticos e integrados*, México: Tusquets, 2005; p. 89.

En medio del fraude cruel y descarado, quien pierde, para Umberto Eco, es el que vive la experiencia, el que goza —o sufre— a merced de las emociones o vivencias pactadas y, peor todavía, con la idea de que, por medio de la literatura, la plástica o la música *Kitsch* «está perfeccionando una experiencia estética privilegiada».[7]

Después de leer todo lo anterior, es natural que el lector se pregunte si existe, efectivamente, alguna salida o, en todo caso, alguna posibilidad de acceder al arte sin ser parte del *Kitsch*. También es probable que se sienta culpable por preferir libros condensados y/o *best sellers*, o por saberse de memoria una canción de Luis Miguel o un poema muy conocido.

La respuesta a semejante pregunta es un poco pesimista: cultivarse implica una inversión muy fuerte en tiempo y dinero, así como un riesgo que pocos pueden asumir, puesto que, como hemos visto, el arte, en su sentido estricto, se opone a la diversión y al efecto impuesto, prefabricado, y es, por tanto, tan revelador como poco atractivo.

El problema real surge cuando, en lugar de asumirnos como populacheros, queremos dar una imagen de cultos especializados leyendo cosas como *El código da Vinci*. Hasta una visita a Chapultepec para ver *El lago de los cisnes*, para el caso, podría caer en lo *Kitsch*. Sin embargo, tenemos que ser realistas: ¿cómo escapar del *Kitsch* si está en todo lo que nos rodea? Sólo unos pocos puristas podrán lograrlo a fuerza de aislamiento y fronteras autoimpuestas que nunca serán claras y que, a su vez, podrán ser consideradas como sospechosas por otros más puristas que ellos. ¿Liszt era *Kitsch*? ¿Ya no lo es?

Más vale dejarse llevar en la medida de lo posible y sin caer en abusos —como gustar de la programación del Canal de las Estrellas,

---

7 *Ibid.*; p. 89.

leer revistas de chismes o cosas por el estilo—. Ya lo comprobó Lisa Simpson «en carne propia»: conocer lo que está *in*, de lo que todos hablan, revierte nuestra índole de minoría, muchas veces nos granjea la simpatía de los cuates y acaba con el aislamiento. ☙

PÁGINA 81, DE ARRIBA HACIA ABAJO: Kaela, *Mona Lisa abstracta.*
Jim Henson, *Piggy como Mona Lisa.*
Jean Fitzgerald, *El perro de Mona Lisa.*

Arte al extremo

● En qué piensa usted, cuando
¿ escucha la palabra *arte*? Segu-
ramente vendrán a su mente
términos tan tersos como *lienzo*, *pigmento*, *armonía*, *cadencia*, *espacio*
o *tiempo*; o, si usted es propenso a las abstracciones, quizá piense en
valores universales como proporción, simetría o hasta en la obviedad
de la palabra *belleza*; o, tal vez, si cuenta con alguna formación teórica,
evoque vocablos como *formato*, *técnica*, *composición* o, del lado del
espectador, *contemplación* e, incluso, *éxtasis*.

Sin restar valor a estos conceptos, lo invito a dejar a un lado, por
un momento, el canon clásico y a considerar al arte desde otra óptica.

Olvide el caballete, el buen gusto, el sabor de lo exquisito y recuerde que, sí, las manifestaciones artísticas provienen de la claridad del pensamiento y de la inspiración, pero también de los rincones más oscuros del alma humana o de un ámbito en el que las ideas escapan de las convenciones y, literalmente, rebasan el lienzo o el escenario, se proyectan hasta el exceso y alcanzan, con mayor o menor mérito estético —y quizá una pequeña dosis de megalomanía—, la categoría de «arte extremo»… o hasta de récord Guinness.

MÁS GRANDE, MÁS LARGO, MÁS ALTO…

Empecemos con lo evidente a la vista: el tamaño. ¿Se ha preguntado cuál es la obra de arte más grande del mundo? Si trata de adivinar, probablemente piense en Christo, el excéntrico artista conceptual búlgaro que alguna vez tuvo la ocurrencia de envolver para regalo el parlamento alemán y quien, en 1983, ayudado por un ejército de asistentes, rodeó seis isletas de Biscayne Bay —en Greater Miami, Florida— con 603,850 m² de plástico polipropileno de color rosa. Sin embargo, el «campeón mundial» de esta categoría es el australiano

IZQUIERDA: Ando, *Mundi Man.*
DERECHA: proyecto del *Crazy Horse Memorial.*
PÁGINA 89: Yves Klein, *Salto al vacío,* 1961.

Ando, quien utilizó como lienzo una planicie de su país natal y plasmó en ella el dibujo de un pionero, cubriendo una superficie de 4 millones de m². Este artista también es autor de la obra en tela más grande del mundo, *The Big Picture*, que mide 12 X 100 m y recrea, con inusitado detalle, un paisaje desértico. A decir verdad, ninguna de las dos obras hizo aportaciones relevantes al mundo del arte, pero, en este caso, como en muchos otros aspectos de la vida, el tamaño sí importó.

Si pensamos en tres dimensiones, existe una obra que, si bien, está inconclusa, ha sido planeada para sobrepasar a cualquier otra que haya sido «cincelada» por manos humanas: el *Crazy Horse Memorial*. Esta escultura ecuestre está siendo esculpida en una montaña de Dakota del Sur, a unos 8 km del célebre Monte Rushmore —¿revancha nativa contra el presidencialismo estadounidense?—, y retrata al jefe lakota «Caballo Loco», montado en su corcel, en franca actitud bélica. Las dimensiones finales de la obra serán 195 m de ancho por 172 m de alto. Si comparamos esta estatua con las de sus cuatro vecinos del Monte Rushmore, comprenderemos mejor la magnitud del proyecto:

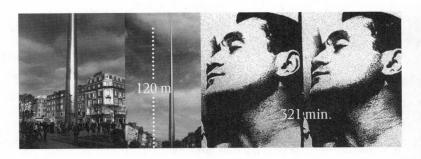

IZQUIERDA: dos vistas de *The Spire of Dublin*.
DERECHA: Andy Warhol, fotogramas de *Sleep*, 1963.

mientras que la cabeza de Lincoln mide 18 m de alto, la de Caballo Loco medirá, ella sola, 27 m.

Aunque los trabajos de este faraónico proyecto continúan, aún no existe una fecha programada para su inauguración; por esta razón, la campeona en este rubro es una obra que, además de completa, es hermosa, moderna y luce orgullosa su esbelta figura en el cruce de dos importantes avenidas del centro de la capital irlandesa: *The Spire of Dublin*, oficialmente la escultura más alta del mundo. Su estructura es muy simple, ya que se trata de un enorme cono de resplandeciente metal con 3 m de diámetro en la base, que va estrechándose hasta llegar a 15 cm en la punta y se alza a una espectacular altura de 120 m. Como sucede con todas las obras monumentales, esta gigantesca aguja divide las opiniones de los dublineses, quienes cariñosamente la apodan *The Stiletto in the Ghetto* —como alusión al barrio bajo donde se ubica— o, más mordazmente, *The Erection in the Intersection*. Cada quien con sus asociaciones.

¡LUCES, CÁMARA... ACCIÓN!

El séptimo arte también nos guarda algunas sorpresas. Tomemos, para empezar, la película con el título más largo registrado: *Un fatto di sangue nel comune di Siculiana fra due uomini per causa di una vedova. Si sospettano moventi politici. Amore-Morte-Shimmy. Lugano belle. Tarantelle. Tarallucci e vino* (1978), de la italiana Lina Wertmüller —un extraño drama policiaco estelarizado por Sophia Loren y Marcello Mastroianni—. O la película más larga exhibida comercialmente: *The Burning of the Red Lotus Temple —Huo shao hong lian si* (1928-1931)—, un filme silente chino que fue estrenado en 18 partes y cuya duración total es de 1,620 minutos —o sea, 27 horas.

Sin embargo, las obras que realmente representan un reto para los espectadores y críticos del cine son las cintas experimentales, como *The Cure for Insomnia* (1987), dirigida por John Henry Timmis IV, que es oficialmente el filme más largo jamás realizado, con sus 5,220 minutos —87 horas— de duración. En él, una persona lee en voz alta, durante tres días y medio, un poema titulado *Cura para el insomnio*, salpicando la acción con videoclips de música *heavy metal* y cortes de películas pornográficas. Esta «terapéutica» película fue proyectada completa en una escuela de arte de Chicago en 1987 y al parecer no ha vuelto a ser exhibida... Quién sabe por qué será.

Mención aparte merecen las primeras películas del rey del *pop art*, Andy Warhol. Este artista, además de ser uno de los puntales del arte del siglo XX, de haber inmortalizado la lata de sopa Campbell's y la efigie sonriente de Marilyn, produjo, al principio de su carrera, una buena cantidad de filmes «de arte» que son dignos de reseñar —aunque dudo que alguien en verdad quiera verlos—. Entre ellos destacan: *Kiss* (1963), que consiste en cortes de tres y medio minutos, que suman 50, de parejas besándose sin ningún guión ni diálogo;

IZQUIERDA: Andy Warhol, fotograma de *Empire* 1964. DERECHA: John Cage (1912-1992).

Sleep (1963), que es una toma sostenida durante casi seis horas del actor John Giorno durmiendo; y *Empire* (1964) —incluida en la lista de las películas experimentales más largas de la historia, con 485 minutos de duración— que muestra, sin ediciones ni movimientos de cámara, poco más de ocho horas en la vida del Empire State; la única acción perceptible sucede cuando algunas de las luces del edificio se apagan y cuando el autor de esta divertidísima cinta hace una serie de cameos, cruzándose enfrente de la cámara.

MÚSICA PARA MIS OÍDOS

Cuando pensamos en música extrema, el nombre viene solo: John Cage. Este compositor vanguardista estadounidense quizá sea más conocido por su obra *4'33"* (1952), cuya ejecución consiste en guardar compases de silencio durante un periodo de 4 minutos y 33 segundos —¿alguna vez alguien habrá intentando lanzar al mercado una «grabación» de esta obra?—; sin embargo, la pieza musical que nos atañe es una de más altos vuelos que fue bautizada como *As Slow As Possible*. Las primeras notas de esta composición empezaron

DE IZQUIERDA A DERECHA:
Manowar en acción.
Yukio Mishima (1925-1970).
Rudolf Schwarzkogler
(1940-1969).

a tocarse en 2003 en un órgano de Halberstadt, Alemania, y está programada para durar la friolera de 639 años, lo cual la convierte en la pieza musical más lenta y larga de la historia; para que nos demos una idea, las primeras tres notas duraron año y medio en tocarse. Sobra decir que el pobre John Cage ya no vio —o, más bien, no oyó— el inicio de la ejecución de su obra, así que sólo queda rezar para que el ya de por sí desvencijado órgano alemán resista los embates de seis siglos de vibración «cageiana» y porque aún haya mundo que acoja a ambos: instrumento y música.

En un campo diametralmente opuesto, sólo para oídos muy jóvenes —y muy curtidos— que gustan de los excesos, tenemos a la agrupación de *heavy metal* Manowar, que realmente hace de la música una terapia de choque: en un concierto efectuado en la década pasada, sus cientos de altavoces vomitaron acordes distorsionados y tarolazos hasta alcanzar, según registros de los récords Guinness, la ruidosa marca de 129.5 decibeles, los cuales hicieron que algunos de sus enardecidos —¿o ensordecidos?— fanáticos empezaran a sufrir mareos, náusea y hasta desmayos. Para entender lo que significa este número, consideremos que 95 decibeles es el umbral máximo antes de empezar a dañar el oído interno y que, al exponerse a 125 decibeles, uno empieza a percibir dolor; así pues, presenciar un concierto de estos endemoniados roqueros equivale a permanecer durante dos horas junto a un avión militar F5 que despega. ¡Que el cielo los proteja!

REQUIESCAT IN PACE

Finalmente, en el sector más extremo de este breve recuento, encontramos a quienes, en el coqueteo con el horror y el fin de la existencia, hallaron su máxima expresión de coherencia dejándose subyugar por el vaho de la muerte. Por ejemplo, hay quienes vieron en el *seppuku*[1] del escritor japonés Yukio Mishima una mezcla de acto político, teatralidad artística y congruencia con las ideas que el autor siempre había expresado. Pero quizá el ejemplo más claro de esta fascinación por el acto de morir haya sido encarnada por el austriaco Rudolf Schwarzkogler, representante del *performance art*[2] y vinculado estrechamente con el movimiento del Accionismo Vienés.[3] Rudolf fue famoso en ciertos círculos del arte por sus *aktions* —en las que involucraba objetos como peces o pollos muertos y aludía a temas como la castración, la mutilación o la muerte— y se dice que murió desangrado después de cercenarse el pene durante una de sus acciones, hecho que lo convirtió en un artista de culto para los seguidores del *performance*. Años después se supo que la verdad había sido menos dramática, ya que Rudolf en realidad falleció como consecuencia de su caída —o salto— de una ventana, probablemente en el intento de emular el *Salto al vacío*, de Yves Klein. Pero como en esto del arte conceptual muchas veces la idea es lo que cuenta, ¿quién puede quitarle a Schwarzkogler el privilegio de haber ofrendado su vida en nombre del arte? ✺

---

1 Forma de suicidio ritual japonesa, comúnmente conocida como *hara-kiri*, que consiste en rebanarse de lado a lado el vientre con una espada; normalmente alguien asiste al suicida cortándole la cabeza.

2 Modalidad del arte en la que las acciones de un individuo o grupo, en un lugar determinado y en un momento específico, constituyen la obra.

3 Grupo de «artistas de acción» —activo durante la década de los años 60—, recordado particularmente por su deliberada transgresión, sus desnudos explícitos, así como por la destrucción y violencia de sus *performances*.

La ópera

*«La ópera es un sueño despierto,
un fantasma transformado en música,
un mundo ideal hecho por el hombre para el hombre,
para el deleite del hombre.»*

Gérard Fontaine

Canta, oh, Diosa, la cólera…».
Así comienza la historia de la
literatura de Occidente, con un
canto, con el arte supremo de la palabra ejecutado por el instrumento
musical superior: la voz humana —como Stendhal dijo una vez: «La
voz del hombre sigue siendo superior a todos los instrumentos y hasta

se puede decir que los instrumentos agradan sólo en proporción en que consiguen parecerse a la voz humana».

La ópera es una empresa mucho muy ambiciosa que trata de crear un mundo imaginario «total», una *Gesamtkunstwerk*[1] que «reconstruye un mundo ideal completo, concreto, reflejo de lo Esencial, de lo Indecible y de lo Divino del que todos tenemos nostalgia».[2] Las demás artes crean sus propios mundos imaginarios: la música mediante los sonidos, la literatura mediante la palabra y la pintura a través de la luz, pero la ópera era —hasta la aparición del cine— el único medio que podía combinar todos esos universos imaginarios para crear «un mundo superior a este mundo», «una verdad superior», en palabras de Wagner.

La ópera es, esencialmente, un espectáculo que se tiene que vivir entero, con todas sus partes; si no se hace de esta forma, es poco probable que agrade a un primerizo. Con ella no hay medias tintas: o se ama o se detesta, y no puede gustar sin una afición previa por la música, la danza, el teatro, la literatura, la pintura, la arquitectura y demás artes, ya que es la suma de todos ellos.

En el año 2000, el fenómeno artístico conocido como ópera —que en latín significa «obra»— cumplió 400 años de edad. Son muy pocos los géneros artísticos cuyo origen esté tan bien fechado y registrado, pero en el caso de la ópera sabemos que nació en el palacio Pitti, en Florencia, el 6 de octubre de 1600, durante la boda de Henri IV de Francia y Maria d'Medici, cuando se estrenó la primera ópera verdadera: *Euridice*, obra del poeta Ottavio Rinuccini y el músico Jacopo Peri.

---

1 Término wagneriano que significa «obra de arte completa, en conjunto».
2 Gérard Fontaine, «La ópera, un sueño despierto», en *Biblioteca de México* 80-81, marzo-junio 2004; p. 30.

No obstante, las raíces de la ópera son más profundas, pues la literatura y la música han ido de la mano desde el principio, tanto en Occidente como en Oriente —la ópera china surgió de la misma forma que su contraparte occidental, aunque son completamente distintas—. Homero cantaba los versos de la *Ilíada* y la *Odisea* —las tragedias griegas se acompañaban con música—, los juglares cantaban epopeyas y romances en la Edad Media, los versos del Corán eran cantados en las mezquitas y los *intermedi* —entremeses— florentinos del renacimiento eran obras teatrales con canciones y coros que seguían el ejemplo de la tragedia helénica.

A diferencia de la época clásica —Grecia y Roma—, en el mundo cristiano del renacimiento había una completa diferenciación entre la música religiosa y la vernácula. Los *intermedi*, por ejemplo, trataban temas sobre mitología y cultura popular en forma de obras teatrales, con argumentos a veces cantados o a veces recitados, hasta que los recitativos fueron paulatinamente reemplazados por canciones —arias—, coros, duetos y tríos, empezando con la *Euridice* de Peri. Sin embargo, uno de los problemas de este compositor fue tratar de «crear un estilo musical que pudiera satisfacer las demandas de clara dicción y de flexibilidad dramática, conservando, a su vez, un cierto grado de coherencia estructural e integridad musical».[3] Este dilema fue resuelto por Claudio Monteverdi, el «Padre de la Ópera», con el estreno de *Orfeo*, en 1607.

Al principio, como los *intermedi*, éste fue un espectáculo elitista enteramente destinado a entretener a la aristocracia, las cortes reales y los nobles de Florencia, Roma, Nápoles o la República de Venecia —que también, irónicamente, tenía nobleza.

---

3 Tim Carter, «El siglo XVII», en Roger Parker, *Historia ilustrada de la ópera*, Barcelona: Paidós, 1998; p. 9.

Esta novedosa y sumamente atractiva forma de arte no tardó en conquistar Europa. Mecenas, coreógrafos, compositores, cantantes, escenógrafos y libretistas comenzaron a surgir en el seno de las distintas naciones europeas, así como corrientes operísticas propias —por ejemplo, *Dafne* (1627), de Heinrich Schütz, fue la primera ópera alemana—, aunque pasarían dos siglos antes de que la hegemonía e influencia italiana perdiera peso. Así, España,[4] los países escandinavos, Francia, Inglaterra e, incluso, las lejanas Rusia y Polonia, sucumbieron ante la ópera y la hicieron suya. No obstante, fue en Venecia, gracias a sus aires republicanos, donde se construyó el primer teatro de ópera[5] y se concibió la idea del «taquillaje», al convertirla en un mero pasatiempo vulgar y lucrativo —concepto que perduraría en toda Europa hasta la invención del cinematógrafo.

Increíblemente, durante sus dos primeros siglos de existencia, la ópera sufrió muy poca, o casi ninguna, censura, a pesar de que en varios países —especialmente en los protestantes— la hallaban muy sospechosa: era extranjera y, peor aún, de Italia, la cuna del catolicismo; además, rebasaba todos los tabúes y amoralidades sociales, culturales y sexuales de la época, y tentaba a los sentidos y las emociones.

Más tarde, el siglo XVIII fue dominado por la ópera dramática —aunque vio nacer el género de la gran ópera cómica o *buffa*, iniciado por *La serva padrona* (1733), de Giovanni Battista Pergolesi, y sublimado por *Don Giovanni* (1787), de Wolfgang Amadeus Mozart— y la proliferación de grandes teatros de Lisboa a Viena y de Nápoles a San Petersburgo. La ópera se perfeccionó: pasó de los excesos italianos del

---

4 La historia de la ópera en España y su evolución hasta convertirse en un género único y de gran influencia —sobre todo en los países latinoamericanos—, la zarzuela, son tema de un artículo aparte.
5 El Teatro San Cassiano de 1637.

siglo anterior al barroco elegante y poderoso de *Sir* George Frederick Händel o el clasicismo puro de Christoph Willibald Ritter von Gluck, y evolucionó hasta la perfección musical mozartiana.

En el temprano siglo XIX, por otra parte, dominó la ópera bufa —de tramas simplonas para el consumo comercial masivo— de Gioacchino Rossini, y nació en Francia el concepto de *grand opéra*, un espectáculo grandioso y completo —como *Faust* (1859) de Charles Gounod o *Yévguieni Onieguin* (1879) de Piótr Ílich Chaikovski—, lo bastante ruidoso y largo para que las clases altas socializaran a gusto. Sin embargo, en esa época surgieron los dos mayores astros de este arte: Giuseppe Verdi y Richard Wagner.

Verdi llevó el *bel canto* italiano a alturas inusitadas y, junto con hábiles libretistas y los dramas de Shakespeare, Von Schiller, Dumas o Hugo,[6] creó al fin un concepto dramático muy poderoso por sí mismo, que, aunado a su genialidad musical, fraguó la «ópera universal»: bella, popular e inmortal. Wagner, en cambio, destruyó la ópera y la reinventó él mismo, creando un mundo romántico único, la consumación del «arte total», especialmente con su tetralogía *El anillo de los nibelungos* (1854-1874).

El siglo XX y sus tecnologías —el cine y las grabaciones de audio— cambiaron de forma radical a la ya de por sí siempre cambiante ópera: en sus primeros años convivieron el romanticismo poswagneriano de la *Salomé* (1905) de Strauss o *El ruiseñor* (1912) de Stravinski, con el realismo musical o verismo de la *Turandot* (1926) de Puccini y la dodecafonía de *Wozzeck* (1922) de Berg, hasta llegar al clímax de *Muerte en Venecia* (1973), de *Lord* Benjamin Britten, o

---

6 El mismo Victor Hugo se expresó muy bien de la muy exitosa ópera de Verdi *Rigoletto* (1850), que se había basado en su obra teatral *Le Roi s'amuse* —un rotundo fracaso en su estreno—, al decir: «Mi obra hubiese tenido éxito de haber podido yo hacer que doce personas hablaran al mismo tiempo...».

Nixon en China (1985-1987), de John Adams. También, el público disfrutó de óperas grabadas en video o filmadas —como *La Traviata* (1982) u *Otelo* (1986) del director Franco Zeffirelli—. Y, lo más importante: el genio vocal de Enrico Caruso, María Callas, Renata Tebaldi o Luciano Pavarotti, a diferencia del de sus colegas de otros siglos, no durará lo mismo que sus respectivas carreras y no quedará plasmado sólo en libros de historia, sino que, mediante los discos y películas, permanecerá vivo por siempre.

Unas veces, arte total; otras, entretenimiento «vulgar», y, las más, epítome de belleza artística universal… El mundo imaginario de la ópera está vivo hoy en día, con la experiencia y tradición de más de 400 años y el vigor de un género inmortal. Espera plácidamente una oportunidad para apoderarse de nuevas almas, en tanto que extasía a las millones ya cautivas. ☙

No sé qué tiene tu voz que fascina...

*«La voz del hombre sigue siendo superior
a todos los instrumentos y hasta se puede decir que
los instrumentos agradan sólo en la proporción en que
consiguen parecerse a la voz humana.»*
Stendhal

E stá claro que cada persona tiene un timbre o color de voz único, y eso lo advertimos cuando reconocemos a una persona en el teléfono o la escuchamos cantar, pues la voz cantada también es diferente. Por ejemplo, José Carreras,

Luciano Pavarotti y Plácido Domingo tienen voces muy distintas, aunque los tres posean el mismo rango vocal o tesitura: el de tenor.

El rango vocal es el conjunto de notas comprendido entre la más alta y la más baja que una voz en particular puede alcanzar, y es muy difícil determinarlo con exactitud. La cosa se complica cuando se incluyen las notas de la voz en el habla común, pues, dependiendo del caso, éstas pueden o no ser útiles musicalmente. Es decir, un cantante cualquiera abarca cierto número de notas naturales y otras de falsete —o sea, fingidas—, que, según lo que cante —ópera, pop o balada—, puede necesitar o no.

En la música «clásica», y en el género operístico en especial, la clasificación del rango vocal es mucho más simple y menos ambigua. De hecho, en los demás géneros prácticamente no importa qué tesitura o rango se pueda tener —a veces ni siquiera cuenta la habilidad o técnica—. El rango lo determina la consistencia del timbre y la habilidad para alcanzar claramente extremos, agudos o graves, sobre una orquesta, sin amplificación. Aunque pueden variar de persona a persona, las voces se pueden clasificar así:

do4   la5   fa6

SOPRANO

Es la voz aguda de registro más alto —*do4* a *la5*, aproximadamente, aunque algunas pueden llegar hasta *fa6*—. En la música coral, las sopranos son, casi siempre, quienes llevan la melodía y, en la ópera, son las heroínas.

Por otra parte, la voz de los cantantes varones impúberes se conoce como soprano infantil o tiple —recordemos a los Niños Cantores de Viena—, mientras que a los hombres adultos que han desarrollado una técnica especial —que no incluye falsete— o, bien, que debido a desórdenes hormonales tienen voces agudas naturales muy poco comunes y pueden cantar como sopranos, se les llama sopranistas —como Jorge Cano o Aris Christofellis—. Hay otros varones que dominan el arte del falsete, que, según su rango, se conocen como contratenores o contraltos y pueden cantar los viejos papeles para *castrato*[1] —ahí están Alfred Deller, James Bowman, David Daniels o Andreas Scholl.

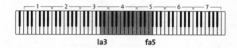

la3   fa5

MEZZOSOPRANO

Voz mucho más oscura y rica; está entre las de soprano y contralto —*mezzo* significa «medio» en italiano—; su rango está entre *la*3 y *fa*5. Los papeles para mezzosoprano son casi siempre secundarios: las villanas, las brujas, las criadas o las viejas, como Amneris —*Aida*—, la princesa de Éboli —*Don Carlo*— o Emilia —*Otelo*—, de Giuseppe Verdi; Adalgisa —*Norma*, de Bellini—; o Suzuki —*Madama Butterfly*, de Puccini—. En honrosas excepciones pueden ser las figuras principales, como Carmen —*Carmen*, de Bizet—; Dalila —*Sansón y Dalila*, de Saint-Saëns—; o Rossina —*El barbero de Sevilla*— y Cenicienta —*La Cenerentola*—, de Rossini. También existen papeles masculinos escritos explícitamente para mezzosoprano, como

---

1 Los *castrati* eran cantantes varones que habían sido castrados en su niñez y, gracias a los trastornos hormonales que esto les causaba, alcanzaban notas agudas; así desarrollaban potentes voces de alto, mezzosoprano o soprano. La mayoría de los papeles masculinos heroicos de la ópera barroca fueron escritos para estas «superestrellas del canto», como Carlo Broschi «Farinelli» y Francesco Bernardi «Senesino»: Julio César, Rinaldo y Jerjes, de Händel; el Montezuma de Vivaldi, o el Orfeo de Von Gluck.

Cherubino —*Las bodas de Fígaro*, de Mozart—, Siebel —*Fausto*, de Gounod— y Octaviano —*El caballero de la rosa*, de Strauss—.

A veces, no obstante, las mezzosopranos se aventuran a cantar papeles de soprano dramática o *soubrette*, lo que añade siempre gran intensidad y muestra que la línea entre ambas tesituras no está del todo bien definida.

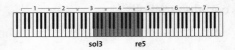

sol3   re5

ALTO O CONTRALTO

Es una voz —masculina o femenina— que está entre las de tenor y mezzosoprano, y abarca más o menos de *sol*3 a *re*5. Los papeles de contralto son muy raros en la ópera —y en otros géneros—, no sólo porque se ha escrito poco para esta tesitura, sino porque no es común que hombres o mujeres alcancen sus notas; entre ellos destacan: Azucena —*El trovador*, de Verdi— y Erda —*El oro del Rin* y *Sigfrido*, de Wagner—; aunque también su repertorio puede incluir Carmen, Dalila, Orfeo y Rinaldo.

do3   do5

TENOR

Es la voz masculina más popular y conocida; sus tonos son agudos —aunque no tanto como los de los contratenores modernos—. Tiene un rango que usualmente abarca de *do*3 a *do*5 —el «*do* de pecho»—, aunque hay algunos más ligeros que alcanzan hasta *sol*4. En la ópera, los tenores son casi siempre los héroes o protagonistas.

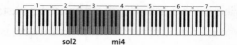

sol2   mi4

BARÍTONO

Es la voz masculina intermedia, cuyo rango va de *sol2* a *mi4*. Los barítonos pueden ser personajes secundarios, como Rodrigo —*Don Carlo*, de Verdi—; villanos —recordemos la frase de G. B. Shaw: «La ópera es la historia del amor entre un tenor y una soprano que un barítono trata de impedir»—, como Iago —*Otelo*, de Verdi— y Scarpia —*Tosca*, de Puccini—; los simpáticos segundones que se roban la ópera, como Fígaro —*El barbero de Sevilla*, de Rossini— y Papageno —*La flauta mágica*, de Mozart—; o, bien, los «azotados» protagonistas, como Rigoletto y Falstaff —*Rigoletto* y *Falstaff*, de Verdi—, Jochaanan —*Salomé*, de Strauss— y Don Giovanni —*Don Giovanni*, de Mozart—. La voz de barítono, además, es la más común para el género del *Lied*, las canciones alemanas de Schubert, Schumann, Brahms o Mahler.

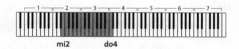

mi2   do4

BAJO

Tienen el registro más grave de la voz humana, entre *mi2* y *do4* —los hay más graves: los subbajos, pero son poco comunes y no hay repertorio musical para ellos—. Los papeles para bajo son, por regla general, secundarios —villanos o viejos—, excepto en la ópera rusa, donde son protagonistas, como Ruslán —*Ruslán y Liudmila*, de Glinka—, Boris Godunov —*Boris Godunov*, de Mussorgski— o Igor —*El príncipe Igor*, de Borodin.

A pesar de que no a todos los melómanos les gusta la ópera, es indispensable su referencia para esta clasificación que, por otra parte, podría tomarse como mera cultura general o servir para preguntarnos qué rango de voz tenemos nosotros mismos... Aunque probablemente eso no importe para cantar en la regadera, el karaoke o la noche con tequila, guitarra y amigos.

VOCES CLASIFICADAS POR RANGO O TESITURA

sopranos	
	«La Divina» Maria Callas, «La Stupenda» *Dame* Joan Sutherland, Montserrat Caballé, Renata Tebaldi, Angela Gheorghiu, Jessye Norman, Renée Fleming y *Dame* Kiri Te Kanawa, en la ópera; Whitney Houston, Björk, Charlotte Church, Sarah Brightman y *Dame* Julie Andrews, en otros géneros.
mezzosopranos	
	Dame Janet Baker, Cecilia Bartoli, Teresa Berganza, Fedora Barbieri, Anne-Sofie von Otter, Frederica von Stade, Marilyn Horne y Magdalena Kožená, en ópera; Céline Dion, Aretha Franklin, Judy Garland, Édith Piaf y Tina Turner, en otros géneros.
contraltos	
	Ernestine Schumann-Heink, Kathleen Ferrier y Marian Anderson, en ópera; Celia Cruz, Cher, Enya, Lola Beltrán y Annie Lennox, en otros géneros.

tenores	Enrico Caruso, Beniamino Gigli, Franco Corelli, Jussi Björling, José Carreras, Luciano Pavarotti, Roberto Alagna, Rolando Villazón, Juan Diego Flórez y Plácido Domingo, en ópera; Andrea Bocelli, Bono, Phil Collins, Bob Dylan, John Lennon, Freddie Mercury, Alejandro Sanz, Paul McCartney y Pedro Infante, en otros géneros.
barítono	Dietrich Fischer-Dieskau, Bryn Terfel, Thomas Hampson, Leonard Warren, Dmitri Hvorostovsky, Tito Gobbi, *Sir* Thomas Allen y José van Dam, en ópera; David Bowie, Alejandro Fernández, Josh Groban, Jim Morrison, Elvis Presley, Jorge Negrete y Frank Sinatra, en otros géneros.
bajos	Samuel Ramey, Nicolai Ghiaurov, Kurt Moll, Ezio Pinza, James Morris, Fiódor Chaliapin y Boris Christoff, en ópera; Johnny Cash, Leonard Cohen, Barry White y Paul Robeson, en otros géneros. ☉

El amor que alimentó la rebeldía

É ste es un acercamiento a *Las bodas de Fígaro* —*Le nozze di Figaro*—, primera de las tres óperas —junto con *Don Giovanni* y *Così fan tutte*— que Mozart realizó en compañía del libretista italiano Lorenzo da Ponte, librepensador, libertino y poeta oficial del Teatro Italiano de Viena.

Las bodas de Fígaro es la historia de un siervo, que, a punto de casarse, se encuentra con que su amo pretende arrebatarle la primera noche con su amada. La obra inicia con Fígaro midiendo la cama en la que se acostará con su esposa. Por su parte, el conde de Almaviva —en la obra, Almaviva es un sitio cercano a Sevilla, España— intenta hacer válido el ya abolido derecho feudal de pernada,[1] es decir, pasar la noche de bodas con Susana, la prometida de Fígaro, lo que provoca la decidida rebeldía del novio. Esta situación deriva en una serie de enredos sentimentales, sexuales y amorosos, y en una cadena de intrigas y celos con un telón de fondo político y subversivo —el siervo desobedece y se burla del conde.

A pesar de que Lorenzo da Ponte suaviza el contenido de la obra dándole un cariz menos político y más cómico, éste se puede advertir en la última escena del IV acto, en el sublime *finale*: «*Gente, gente, all'armi, all'armi!*»,[2] donde el conde intenta apresar a Fígaro y termina, más bien, suplicando el perdón de la condesa y otorgando su consentimiento a las bodas, al tiempo que renuncia a pasar la primera noche con Susana. Al final, el conde y la condesa se reconcilian, todos cantan en armonía y, así, la ópera termina felizmente.

LA OBRA TEATRAL

Esta ópera se basa en la obra teatral del mismo nombre que estuvo censurada durante años, porque atentaba contra los privilegios de la nobleza, criticaba el orden social y reflejaba el fermento de la lucha de clases que ulteriormente se expresó en la Revolución Francesa de 1789. Además, constituye la continuación de los hechos narrados en *El barbero de Sevilla* —obra que musicalizaría Rossini 30 años después.

El autor de la obra es Pierre-Augustin Caron de Beaumarchais,[3] librepensador de la Ilustración; admirador de Diderot y discípulo de Voltaire; músico e inventor; negociante y agudo político; diplomático y comerciante de armas; editor, polemista, libertino y literato; consejero

---

1 El derecho feudal de pernada consistía en que, por ley, el señor feudal tomaba a las mujeres en su noche de bodas sin posibilidad de que ella o su marido se opusieran.
2 «¡Gente, gente! ¡A las armas, a las armas!»
3 A quien Fabrice Luchini interpretaría en el filme *Beaumarchais, l'insolent* (1996).

oculto de los reyes Luis XV y Luis XVI, y suministrador de armas a los insurrectos de la revolución de 1776 en EE. UU., quienes confiscaron las propiedades de los seguidores de la corona inglesa, enemiga de Francia.

Beaumarchais representa en sus obras el ascenso de la burguesía, como clase revolucionaria, frente a la caduca sociedad feudal. Terminó la obra teatral *Las bodas de Fígaro* en 1778, pero sólo se montó en privado, pues, debido a su contenido político, su exhibición pública se permitió hasta seis años más tarde. De hecho, la obra fue alternativamente prohibida y tolerada hasta el régimen de Vichy, ya que Beaumarchais representaba a la nobleza como una clase depravada, lujuriosa y degenerada, algo que en esa época era considerado peligrosamente revolucionario.

«Porque sois un gran señor os creéis un gran genio [...] ¿Qué habéis hecho para merecer tantos parabienes? Os habéis molestado en nacer. Eso es todo», le dice Fígaro al conde. Esto era algo completamente subversivo antes de la Revolución Francesa, por eso Luis XVI intentó prohibir la obra. Sin embargo, probablemente gracias a la tenacidad de Beaumarchais, fue puesta en escena.

La primera representación teatral en París causó tal estupor que provocó un caos tumultuario en el que tres personas perdieron la vida, al ser pisoteadas por la multitud. Más tarde, algunos miembros de la nobleza que asistieron al estreno de la obra y denostaron a Beaumarchais terminaron en la guillotina. Cuentan que, años antes, después de alguna de sus presentaciones en el castillo de Schönbrunn, Mozart niño jugaba en los jardines con la entonces princesa María Antonieta, quien, años después, pasaría a la historia como la guillotinada reina de Francia. Así actuó el destino histórico respecto a una obra que, posteriormente, Napoleón describiría como «la revolución en acción».

DEL DRAMA A LA ÓPERA

Mozart y Da Ponte eran hostiles a la camarilla operística de la corte.[4] A su lado, esos mediocres burócratas parecían cortos de talento, así que tramaron maniobras para sabotear la ópera. Sin embargo, ambos lograron convencer al emperador austriaco José II de presentarla, cortando la mayor parte del contenido político. La ópera fue estrenada en Viena el 1 de mayo de 1786.

José II era considerado un monarca con posiciones progresistas para su época, ya que eliminó parcialmente la servidumbre en sus tierras, introdujo hasta cierto punto el derecho a la libertad de expresión e, incluso, intentó eliminar algunos privilegios de la nobleza. Visto así, es posible que el cálculo político haya sido un elemento que llevara al emperador austriaco a permitir que se representara la ópera, ya que en esos momentos tenía confrontaciones con la nobleza por —entre otras cosas— el pago de impuestos. Una ópera que mostraba el lado tiránico de la aristocracia le venía bien y se adecuaba a sus propósitos. Sin embargo, la ópera sólo se representó nueve veces.

Seis meses después de su primer montaje en Viena, fue presentada en Praga, donde obtuvo mayor éxito. Mozart fue invitado a esa ciudad para que viese por sí mismo el impacto de su música no sólo en el teatro de ópera, sino también en los salones populares de baile. El contenido energético y vivaz de la obra queda de manifiesto desde el principio en la alegría de las notas musicales, que brincan coordinadamente desde la obertura y materializan una ruta de sentimientos que alterna sonidos y silencios. Se desatan pasiones que suben y bajan; los personajes ríen y lloran, maldicen, se burlan, mienten y desafían a lo largo de la trama, que —en cuatro actos— puede llevar

---

4 La actitud servil y arrogante de la camarilla operística de la corte es formidablemente representada en *Amadeus* (1984), la cinta de Milos Forman.

al escucha a la danza, amargura, desesperación, llanto, indignación, buen humor y un sentimiento de victoria y plenitud espiritual.

Por primera vez se presentaba una obra en que los protagonistas no eran dioses, héroes, reyes opulentos y todopoderosos, sino hombres y mujeres comunes que piensan, razonan, se organizan y se rebelan. El derecho del amo se enfrenta al del sirviente en un conflicto de voluntades en el que gana el siervo, retando, así, al poder arbitrario de la aristocracia. Fígaro desafía al conde en la famosa aria —popularizada como símbolo durante la Revolución Francesa— «*Se vuol ballare, signor Contino*», del primer acto, que se puede traducir de la siguiente forma:

«Si quiere bailar, señor condesito,
la guitarrita le tocaré.
Si quiere venir a mi escuela,
la cabriola le enseñaré».

MOZART, EL SIERVO

El contexto no deja duda sobre la simpatía que *Las bodas de Fígaro* despertó en Mozart, quien fungió como siervo en una sociedad feudal en la que los nobles se comportaban como una raza aparte. A pesar de provenir de una respetable clase media, se desempeñaba como sirviente, de nivel superior, pero sirviente al fin, ya que, por ejemplo, cuando trabajó para el arzobispo de Salzburgo, el sitio donde le tocaba comer estaba muy bien definido: debajo de las escaleras, con los demás criados. Cuando el músico decidió trasladarse a Viena y dejar de servir al prelado, en 1781, el conde Arco, uno de los parásitos de la corte, le dio al músico una patada de despedida para demostrar su lealtad al jefe.

El rechazo de Mozart a la frivolidad de la vida cortesana queda de manifiesto en el hecho de que se desempeñó también como compositor «independiente» de la corte —una especie de *free lance* de la época— que realizaba trabajos por encargo —una boda, una misa, etcétera— o que daba clases particulares, lo que implicaba que no tuviera ingresos fijos, de tal forma que las deudas lo perseguían constantemente; de hecho, su muerte ocurrió en la miseria. Así que la idea del sirviente Fígaro que pasa por encima de su amo debía ser muy atractiva para él.

LA TONADA SUBVERSIVA

Las bodas de Fígaro fue una obra políticamente satanizada y vedada que consiguió popularidad y trascendió su momento histórico gracias al brillante genio musical de un Mozart susceptible e influenciado por la efervescencia de un cambio social de dimensiones colosales: el complejo proceso de tránsito político del feudalismo al capitalismo en la Europa central de fines del siglo XVIII. Se trata de una comedia, pero con un mensaje serio; contiene momentos de gran belleza y patetismo, como el aria de la condesa, con la que se inicia el segundo acto, *Porgi, amor, qualche ristoro,*[5] donde se lamenta por la pérdida del amor de su marido.

El conde es presentado como un déspota incapaz de ejercer su tiranía social y personal, que se expresa en la opresión y abuso sobre las mujeres, manifestados en la cuarta escena del acto IV:

> *«Las mujeres defendemos nuestro sexo*
> *de los desagradecidos hombres*
> *que sólo piensan en oprimirnos.*
>
> *Sólo nosotras, pobres mujeres,*

---

5 «Dame, amor, algún remedio.»

> *que amamos tanto a nuestros hombres,*
> *somos tratadas por esas desleales criaturas*
> *con tanta crueldad».*

Tácitamente, en la ópera, la tiranía del conde fracasa, porque es visto como un hombre muy arbitrario, es decir, que no se basa en la razón y, por lo tanto, no tiene por qué existir. Un régimen social que está en conflicto consigo mismo no tiene razón de subsistir y debe ser derribado. Ésa era la lógica subyacente y la justificación de la Revolución Francesa, presente siempre en *Las bodas de Fígaro*. La historia enseña que hay varias formas de luchar contra los tiranos; una de ellas es cortarles la cabeza, pero también es posible utilizar el arma del ridículo, como lo hicieron Beaumarchais y Mozart. Al final, los sirvientes entran en el salón y bailan en la boda. La masa aparece como protagonista victoriosa, no como figuras oscuras escondidas bajo tierra; está formada por individuos reales con inteligencia, características, sentimientos y objetivos propios. La escena de estos personajes bailando triunfales en el salón del aristócrata está llena de significados históricos. Es un adelanto musical de los sucesos que, tres años después, se harían realidad con la toma de La Bastilla.

MOZART, AL FIN

Mozart no era un revolucionario en el sentido político, pero sí fue un hijo de su tiempo, un hombre ilustrado que fue capaz de reflejar en su arte el clima general de la época, pues el espíritu de rebeldía de ese periodo se adaptaba a su temperamento. Esto no era fortuito; emanaba de su experiencia personal como parte de la servidumbre, que le dejó un profundo repudio hacia la injusticia y lo llevó a luchar por la simple dignidad humana. Sólo así se puede explicar el hecho de que un genio como Mozart no haya alcanzado las altas esferas de la corte, como muchos de sus contemporáneos; por ejemplo, Haydn, quien permaneció 30 años al servicio de los príncipes Esterházy.

En la tumba de José II hay un epitafio patético: «Aquí yace el príncipe cuyas intenciones eran buenas, pero que tuvo la desgracia de ver cómo se frustraban todos sus planes». Entretanto, Mozart, a pesar de haber sido sepultado en una fosa común fuera de la ciudad amurallada —en 1791—, es recordado por millones. ☾

Teatro que divierta y haga recordar

Aveces la gente dice, ¿por qué hacen ese teatro? ¡Qué aburrido! Y sí, tal vez lo sea. Porque el teatro apunta a una de dos cosas: hacer recordar o divertir.

Recordar es volver a lo vivido por el corazón, y este proceso puede ser agradable, doloroso o difícil. La diversión se vincula con distraerse, con poner atención en otra cosa. No es lo mismo un *Macbeth*, donde el personaje se pregunta cómo se atrevió a matar y piensa que «toda el agua del mar no bastará para lavar sus manos», que una película de James Bond, donde matar es una forma de seducir o de acariciar la vanidad. Pensar o no pensar, ésa es la cuestión.

Porfirio Díaz «pensó» que, más que pensar, había que despejar la mente en rachas de ocio. Sus teatros monumentales, como el Palacio de Bellas Artes, el Teatro Colón y tantos otros, sirvieron a los esposos como atalaya para contemplar a las tiples, cantantes de principios de siglo XX que, más que cantar, bailaban; que más que bailar, recibían obsequios en el camerino: «flores, sí; pulseras, más» —mostrar el tobillo era muy seductor—. Por este camino de la seducción se llega a que no se puede ser actor sin la recomendación de alguien; de ahí que los padres prohíban la profesión a los hijos y, sobre todo, a las hijas: «Mi'jita, ésa no es una carrera decente».

Pero esta forma de entretener no podía ser eterna. Por ahí estaban Los Contemporáneos —sí, los mismos que eran poetas, tenían una revista del mismo nombre y revolucionaron la literatura—, quienes —sobre todo Salvador Novo y Xavier Villaurrutia—, se inclinaban, después de la poesía, por el teatro. «¿Cómo es posible —se preguntaban— que en Rusia la dramaturgia de Chéjov tenga eco en la dirección comprensiva de Stanislavski y de ahí se derive el realismo norteamericano de principios del siglo XX, mientras que en México seguimos con la herencia de la zarzuela, resquicio último de la colonización?»

Así que manos a la obra. Rechazados por una dictadura homofóbica, se abocaron a los espacios reducidos que permitían intimidad, aunque redujeran el ingreso por taquilla. Apostaron por las escenografías hechas en México y por la dramaturgia de vanguardia, mas no por la mexicana. Prefirieron importar a anglos o sajones como Eugene O'Neill, Henrik Ibsen o August Strindberg; así, el teatro templó sus pasiones y sus excesos en el fuego de la pieza como género dramático, un ámbito donde pasa todo: se destruye y cambia la vida de un ser humano —pero sólo dentro de él—, y éste no tiene que morirse para que su universo se trastoque.

De ahí que en escena se necesite otro tipo de actuación, y a la pregunta que pudiera hacer un personaje: «¿Te vas con ella?», la respuesta del otro personaje: «Sí, adiós», puede decirse de mil maneras: si se expresa con autocompasión, se incurre en el melodrama —género cuya tesis es el amor como sacrificio, y su manifestación la exacerbación de las emociones—; pero también puede expresarse con introspección templada por la experiencia —reconociendo que no hay otro remedio, que el camino lleva a marcharse, pero que no por esto es superflua la despedida—; ahí está el tono de la pieza. Esto, en términos de realización, puede significar un silencio de diez segundos entre texto y texto. ¿Resultado? Un espectador pendiente y conmovido y otro, a su lado, dormido. Depende del proceso de atención y de la mimesis que se dé en uno y otro.

Los Contemporáneos fueron el parteaguas del teatro mexicano, porque a partir de ellos la dramaturgia empezó a encontrar camino; primero, costumbrista, y después, incluyó todos los temas posibles, con lo que se empezaron a ofrecer varias alternativas en cartelera.

La otra línea del teatro siguió con el *vaudeville*, género de origen francés al que le decimos *vodevil*, el cual consiste en ligeras comedias de enredos o equívocos de no muy buena calidad dramática, y también con el musical en todas sus acepciones —aunque este teatro tiene más que ver con la ópera en su origen y con parámetros musicales.

Llama la atención que en México actualmente se estén conjugando las dos vertientes teatrales: hay obras bien escritas y dirigidas, con excelentes apoyos de mercadotecnia, que llenan los teatros y son exportadas tanto a nivel de texto como de representación.

Cuestión de prosperidad, de madurez urbana, de conjugar calidad con alcance; a pesar de que en México las familias puedan practicar deportes, asistir a reuniones, visitar todos los fines de semana centros comerciales y, en ocasiones, hasta realizar actividades al aire libre, muy pocas veces destinan la sobremesa a hablar de las obras teatrales vistas en la semana.

Ni modo, México no es Londres ni algún otro lugar donde asistir al teatro sea un baluarte, pero entre diversión y recuerdos, tanto Los Contemporáneos como la generación de las tiples, estarían contentos de saber que hoy en día, cualquier combinación en el ámbito del espectáculo teatral es posible. ✺

La frase de película

Todos los números de *Algarabía* tienen una frase de película, de ésas que unas veces por contundente, otras por disuasiva, otras por chistosa y las más por ocurrente, se torna parte de nuestra vida. Yo siempre cito a Jack Nicholson en su personaje de Daryl van Horne en *Las brujas de Eastwick*, con su famosa frase: «*Cliche? Cliche... sure... but true*[1]». Y podría citar muchas más porque la vida se nutre del cine y viceversa.

Como se podrán imaginar, no fue fácil seleccionar las diez mejores, y menos para quedar plasmadas en este libro. Por ello,

---

1 «¿Será un lugar común? Quizás sí, pero es cierto.»

pensamos que lo mejor sería incluir las mejores de acuerdo con la popularidad. Las tomamos de la selección que hizo la revista *Askmen*, a través de Internet.

—

Vito Corleone (Marlon Brando):
I'll make him an offer he can't refuse.

Vito Corleone:
Le haré una oferta que no podrá rechazar.

Tomada de la película *The Godfather* (1972) —*El padrino*—
Dirigida por Francis Ford Coppola
Escrita por Francis Ford Coppola con base en la novela de Mario Puzo.

—

Rick Blaine (Humphrey Bogart):
Of all the gin joints in all the towns in all the world, she walks into mine.

Rick Blaine:
De todos los bares de todas la ciudades de todo el mundo, tenía que entrar al mío.

Tomada de la película *Casablanca* (1942) —*Casablanca*—
Dirigida por Michael Curtiz
Escrita por Murray Burnett y Joan Alison.

—

Travis Bickle (Robert De Niro):
You talkin' to me? You talkin' to me?

Travis Bickle:
¿Me hablas a mí? ¿Me hablas a mí?

Tomada de la película *Taxi Driver* (1976) —*Taxi Driver*—

Dirigida por Martin Scorsese
Escrita por Paul Schrader.

Obi-Wan Kenobi (Alec Guinness):
The force will be with you, always.

Obi-Wan Kenobi:
La fuerza estará contigo, siempre.

Tomada de la película *Star Wars* (1977)
—*La guerra de las galaxias*—
Escrita y dirigida por George Lucas.

James Bond (Sean Connery):
Shaken, not stirred.

James Bond:
Agitado, no excitado.

Tomada de la película *From Russia With Love* (1963)
—*007 Desde Rusia con amor*—
Dirigida por Terence Young
Escrita por Richard Maibaum, con base en la novela de Ian Fleming.

Harry Callahan (Clint Eastwood):
Go ahead, make my day.

Harry Callahan:
Adelante: hazme el día.

Tomada de la película *Sudden Impact* (1983)
—*Impacto fulminante*—
Dirigida por Clint Eastwood
Escrita por Charles B. Pierce, Earl E. Smith y Joseph Stinson.

Tony Montana (Al Pacino):
Say hello to my little friend!

Tony Montana:
¡Saluda a mi amiguita!

Tomada de la película *Scarface* (1983) —*Cara cortada*—
Dirigida por Brian De Palma
Escrita por Oliver Stone.

———

Teniente coronel Bill Kilgore (Robert Duvall):
I love the smell of Napalm in the morning.

Teniente coronel Bill Kilgore:
Me encanta el olor a napalm por las mañanas.

Tomada de la película *Apocalypse Now* (1979)
—*Apocalipsis ahora*—
Dirigida por Francis Ford Coppola
Escrita por John Milius y Francis Ford Coppola con base en la novela
de Joseph Conrad.

———

Terminator (Arnold Schwarzenegger):
I'll be back.

Terminator:
Regresaré.

Tomada de la película *Terminator* (1984) —*El exterminador*—
Dirigida por James Cameron
Escrita por Harlan Ellison, James Cameron y Gale Anne Hurd.

———

James Bond (Sean Connery):
The name is Bond, James Bond...

James Bond:
Mi nombre es Bond, James Bond...

Tomada de la película Dr. No (1962) —*El satánico doctor No*—
Dirigida por Terence Young
Escrita por Richard Maibaum, Johanna Harwood y Berkely Mather
con base en la novela de Ian Fleming.

————

Si me preguntan a mí, concuerdo con muchas de ellas; sólo reemplazaría la última por la que dice Roy Batty —Rutger Hauer— en Blade Runner: «*I've seen things you people wouldn't believe. Attack ships on fire off the shoulder of Orion. I watched C-beams glitter in the dark near the Tanhauser gate. All those moments will be lost in time like tears in rain. Time to die.*»[2] ☺

————

2 «He visto cosas que ustedes no podrían creer: naves de asalto incendiándose cerca del hombro de Orión; he visto rayos "C" titilando en la oscuridad cerca de la Puerta de Tanhauser... Todos esos momentos se perderán en el tiempo como lágrimas en la lluvia. Hora de morir.»

Nueva guía para cinéfilos descarriados

En gustos se rompen géneros». Cuando se trata de las clasificaciones en la cinematografía, esta frase nos viene como anillo al dedo.

Aunque los puristas sólo reconocen tres géneros —ficción, animación y documental—, la representación de diferentes formas y temas de la literatura en el celuloide ha dejado al descubierto muchos más.

El afán del séptimo arte es retratar al mundo y reproducir su esencia. En un principio, todo era simple, el cine era cine y punto:

imágenes reales, historias de ficción, noticias, etcétera; pero, después, la imaginación del ser humano lo dividió en pedacitos que no tardaron en buscar una identificación propia para sentirse completos de nuevo. Así fue como nacieron el drama, la comedia, el suspenso y un sinfín de posibilidades que crearon subgéneros y géneros híbridos, como el terror psicológico, la comedia romántica y el melodrama pop, entre muchos otros.

A continuación enumeraré los géneros más conocidos y reconocidos por los expertos, por las academias y por los institutos cinematográficos. Éstos no son —ni lejanamente— géneros cerrados o delimitados, sino que seguirán cambiando día con día. Para muestra, ahí están Kubrick, Hitchcock, los hermanos Coen; o películas donde se mezclan más de dos géneros, como *Irreversible*, de Gaspar Noé; *Las cosas cambian*, de David Mamet; o *In the cut*, de Jane Campion.

En los últimos años han surgido movimientos como el Dogma, que busca una forma simplista y teatral de retratar a las personas y las situaciones y que no permite la música. También existen empalmes, porque entre el cine negro y el policiaco sólo hay un paso, al igual que entre el terror, el suspenso, el *thriller* y el horror. ¿Dónde empieza y termina cada uno? Veamos:

Animación. Creado para el público infantil, narraba cuentos y moralejas. Actualmente ha aprovechado los avances tecnológicos para hacer cosas más sofisticadas, como el *stop motion* o animación por computadora en 3D. *Toy Story* y *Shrek* son el epítome de este género.

Bélico. Inspirado en las guerras, presenta imágenes y secuencias de batallas. Ahí tenemos filmes como *Platoon*, *Apocalypse Now*, *Tora! Tora! Tora!* o *El día más largo*.

Biográfico. Este género retrata a una persona de la vida real. Aquí se incluyen películas como *Hoffa*, de Danny DeVito; *Amadeus*, de Milos Forman, o *Surviving Picasso*, de James Ivory.

Ciencia ficción. Se trata de películas cuyos personajes superan su entorno apoyándose en la ciencia —viajes espaciales y en el tiempo, etcétera—. A veces, estas cintas son precursoras de avances científicos reales. *Alien* y *Blade Runner*, de *Sir* Ridley Scott, o la saga de *The Matrix*, son buenos ejemplos.

Cine de arte. Lo que hace diferente a este género es su narrativa paciente y el cuidado del detalle. Dio paso al cine experimental y a las producciones independientes con menor presupuesto, pero mayor sentimiento. Se consideran directores de cine de arte: Tarkovsky, Kieslowski, los independientes de EE. UU., como Gus Van Sant o Todd Solondz, y el británico Danny Boyle.

Comedia. Exagera la realidad para divertir al público. De ella surgieron «el absurdo» y «el pastelazo», que llevan las situaciones hasta puntos ridículos e hilarantes. Ejemplos hay miles: desde las películas mexicanas de Manolín y Schillinsky, Joaquín Pardavé o la infinidad de comedias románticas que protagonizó Pedro Infante, hasta las comedias gringas insulsas como *Old School*, *Porky's*, *American Pie*, etcétera, pasando por lo que hizo Monty Python en Gran Bretaña.

Documental. Es una especie de reportaje en cine que cuenta una historia de la vida real. Podemos incluir en él todo el cine que no es de ficción, como las cintas de Michael Moore, que critican a la sociedad gringa, *La marcha de los pingüinos* o las que se hicieron en los primeros años de la industria, como *La banda del automóvil gris*.

Drama. Su misión es lograr que las fibras emotivas del espectador se despierten, al identificarse con el personaje o la historia. Dramas hay para tirar y regalar: *Atrapado sin salida*, *Las horas*, *Nacido el 4 de julio*, *Mississippi en llamas*, *Ciudad de Dios*, *El pianista*…

Épico. Narra hechos heroicos y/o históricos con un trasfondo grandioso: *Juana de Arco*, *Espartaco*, *Ben Hur*, *Excalibur*, *Corazón valiente* y ¡hasta *La guerra de las galaxias*!

Fantasía. Da rienda suelta a la imaginación y crea nuevos mundos, criaturas e historias; puede ser liberador para el creador, pero muy costoso para el realizador. Algunos ejemplos son *La historia sin fin* o las sagas de *El señor de los anillos* y *Harry Potter*.

Gansteril. Es la contraparte del policiaco: los protagonistas y héroes son «los malos». Películas de mafiosos hay muchas; las más importantes son las de la serie *El padrino*, pero hay otras como *Goodfellas*, de Scorsese; *Kansas City*, de Robert Altman; *El honor de la familia Prizzi*, de John Huston, y *Scarface*, de Brian De Palma.

Histórico. Apela a hechos reales y retrata momentos importantes en la vida de una nación o la Historia. Películas como *Cleopatra*; *La caída*; *Un puente demasiado lejos*, de *Lord* Attenborough, y *Nixon*, de Oliver Stone, son ejemplos.

Negro. Involucra temas sórdidos que generalmente se desarrollan en medio de un ambiente misterioso y de suspenso, como *Sunset Boulevard*, de Billy Wilder; *El halcón maltés*, de John Huston; *The man who wasn't there* o *Simple Blood*, de los hermanos Coen, o *The Curse of the Jade Scorpion*, de Woody Allen, pasando por otras que podrían haber sido cine negro, pero que más bien fueron de humor involuntario, como las de Juan Orol.

Pornográfico. La historia no es importante, su objetivo principal es llevar las relaciones sexuales de los ¿personajes? a niveles altamente explícitos e, incluso, exagerados, para que el espectador se sienta sexualmente estimulado. No se me ocurre ningún ejemplo, pero seguro usted tiene alguno en mente, querido lector.

Romántico. El hilo conductor de este género son las emociones y relaciones de los personajes. Un ejemplo muy reciente es *Brokeback Mountain*, lo mismo que *Sensatez y sentimientos*, ambas de Ang Lee; pero las películas de Meg Ryan, como *City of Angels*, *Sleepless in Seattle* o *When Harry Met Sally* también son buena muestra. El epítome es *An Affair to Remember*, con Cary Grant y Deborah Kerr.

Serie b. Este género incluye aquellas películas mal hechas y con un presupuesto miserable, pero que, paradójicamente, son tan malas, que resultan muy buenas. Otra vez puedo ejemplificar con las películas de Juan Orol o con las de Ed Wood. Los *videohomes* de los hermanos Almada no entran en este rubro —ni en ningún otro.

Suspenso. Estas películas están envueltas en un ambiente misterioso y de suspenso. Hitchcock es el maestro, con películas como *La ventana indiscreta* y *Psicosis*; a su lado Polanski, con *Chinatown*. Valgan también *Sospechosos comunes*, de Bryan Singer, y *Memento*, de Christopher Nolan.

Terror. Se apoya en lo macabro para ponerle los pelos de punta al espectador. *El exorcista* y *El resplandor* son buenas muestras, así como las películas de Sam Raimi, como *Evil Dead* y *The Grudge*; e incluso el cine *gore*, que expone sangre y asquerosidades inimaginables: *La noche de los muertos vivientes*, *Masacre en Texas*,

La casa de los mil muertos y *Halloween* son ejemplos. Aquí también entra lo nuevo del cine japonés: *El aro* y *El ojo*.

Western. Género clásico del cine estadounidense en el que los personajes son hombres recios, de personalidades inescrutables, que viven en pueblos, crían ganado y defienden su honor con pistola en mano. *Los imperdonables*, de Clint Eastwood, y *El bueno, el malo y el feo*, de Sergio Leone, son clásicos. No obstante, los filmes de John Wayne son el ícono de este género.

Bueno, estimado lector, éste ha sido un breve recuento y ni son todas las que están ni están todas las que son, pero valga para guiar a los descarriados en este mundo de la pantalla grande. ☺

Cien joyas del cine mexicano

Opciones hay muchas. El cine mexicano tuvo su época de oro, no cabe duda, y cada uno podría nombrar su película favorita; pero hay una lista que enumera a las cien mejores cintas de nuestro cine, de acuerdo con los ingresos en taquilla —¡no, cómo creen, hubiera ganado esa de *Qué buena está mi ahijada!*—; no, de acuerdo con los críticos y especialistas en cinematografía más renombrados, entre los que se encuentran: Carlos Monsiváis —obviamente—, Gabriel Figueroa, Nelson Carro, Tomás Pérez Turrent y Jorge Ayala. Esta lista sólo tomó en cuenta películas cuya producción haya sido total o mayoritariamente mexicana, de ahí que no estén en ella filmes como *Viridiana*, de Luis Buñuel.

Ahi les va:

1. *Vámonos con Pancho Villa* (1935) de Fernando de Fuentes

2. *Los olvidados* (1950) de Luis Buñuel

3. *El compadre Mendoza* (1933) de Fernando de Fuentes

4. *Aventurera* (1949) de Alberto Gout

5. *Una familia de tantas* (1948) de Alejandro Galindo

6. *Nazarín* (1958) de Luis Buñuel

7. *Él* (1952) de Luis Buñuel

8. *La mujer del puerto* (1933) de Arcady Boytler

9. *El lugar sin límites* (1977) de Arturo Ripstein

10. *Ahí está el detalle* (1940) de Juan Bustillo Oro

11. *Campeón sin corona* (1945) de Alejandro Galindo

12. *Enamorada* (1946) de Emilio «El Indio» Fernández

13. *Pueblerina* (1948) dirigida por «El Indio» Fernández

14. *Canoa* (1975) de Felipe Cazals

15. *Los hermanos Del Hierro* (1961) de Ismael Rodríguez

16. *El ángel exterminador* (1962) de Luis Buñuel

17. *Cadena perpetua* (1978) de Arturo Ripstein

18. *El rey del barrio* (1949) de Gilberto Martínez Solares

19. *El esqueleto de la señora Morales* (1959) de Rogelio A. González

20. *Víctimas del pecado* (1950) de Emilio «El Indio» Fernández

21. *Tiburoneros* (1962) de Luis Alcoriza

22. *Distinto amanecer* (1943) de Julio Bracho

23. *Río escondido* (1947) de Emilio «El Indio» Fernández

24. *La oveja negra* (1949) de Ismael Rodríguez

25. *La otra* (1946) de Roberto Gavaldón

26. *Reed, México insurgente* (1970) de Paul Leduc

27. *Nosotros los pobres* (1947) de Ismael Rodríguez

28. *Salón México* (1948) de Emilio «El Indio» Fernández

29. *Doña Perfecta* (1950) de Alejandro Galindo

30. *Flor silvestre* (1943) dirigida por Emilio «El Indio» Fernández

31. *La pasión según Berenice* (1975) de Jaime Humberto Hermosillo

32. *La sombra del caudillo* (1960) de Julio Bracho

33. *Calabacitas tiernas —¡ay qué bonitas piernas!—* (1948) de Gilberto Martínez Solares

34. *Dos tipos de cuidado* (1952) de Ismael Rodríguez

35. *El vampiro* (1957) de Fernando Méndez

36. *La barraca* (1944) de Roberto Gavaldón

37. *María Candelaria* (1943) de Emilio «El Indio» Fernández

38. *El suavecito* (1950) de Fernando Méndez

39. *La diosa arrodillada* (1947) de Roberto Gavaldón

40. *Los confines* (1987) de Mitl Valdez

41. *El gallo de oro* (1964) de Roberto Gavaldón

42. *El Topo* (1969) de Alexandro Jodorowsky

43. *Sensualidad* (1950) de Alberto Gout

44. *El grito* (1968) de Leobardo López Aretche

45. *Danzón* (1991) de María Novaro

46. *Susana —carne y demonio—* (1950) de Luis Buñuel

47. *Ensayo de un crimen* (1955) de Luis Buñuel

48. *Tlayucan* (1961) de Luis Alcoriza

49. *Ladrón de cadáveres* (1956) de Fernando Méndez

50. *Frida, naturaleza viva* (1983) de Paul Leduc

51. *Los tres huastecos* (1948) de Ismael Rodríguez

52. *El bulto* (1991) de Gabriel Retes

53. *María de mi corazón* (1979) de Jaime Humberto Hermosillo

54. *La noche avanza* (1951) de Roberto Gavaldón

55. *A toda máquina* (1951) de Ismael Rodríguez

56. *Como agua para chocolate* (1992) de Alfonso Arau

57. *México de mis recuerdos* (1943) de Juan Bustillo Oro

58. *Los caifanes* (1966) de Juan Ibáñez

59. *Macario* (1959) de Roberto Gavaldón

60. *El apando* (1975) de Felipe Cazals

61. *Cabeza de Vaca* (1990) de Nicolás Echevarría

62. *Juego de mentiras* (1967) de Archibaldo Burns

63. *Rosauro Castro* (1950) de Roberto Gavaldón

64. *¡Esquina bajan!* (1948) de Alejandro Galindo

65. *Doña Herlinda y su hijo* (1984) de Jaime Humberto Hermosillo

66. *Torero* (1956) de Carlos Velo

67. *Santa* (1931) de Antonio Moreno

68. *Gángsters contra charros* (1948) de Juan Orol

69. *La mujer de Benjamín* (1991) de Carlos Carrera

70. *En la palma de tu mano* (1950) de Roberto Gavaldón

71. *Matinée* (1976) de Jaime Humberto Hermosillo

72. *Amor a la vuelta de la esquina* (1985) de Alberto Cortés

73. *Doña Diabla* (1949) de Tito Davison

74. *Mecánica nacional* (1971) de Luis Alcoriza

75. *Doña Bárbara* (1943) de Fernando de Fuentes

76. *Los motivos de Luz* (1985) de Felipe Cazals

77. *Cronos* (1992) de Guillermo del Toro

78. *Ángel de fuego* (1991) de Dana Rotberg

79. *Luponini —el terror de Chicago—* (1935) de José Bohr

80. *La perla* (1945) de Emilio «El Indio» Fernández

81. *Nocaut* (1983) de José Luis García Agraz

82. *Santa* (1943) de Norman Foster y Alfredo Gómez de la Vega

83. *Los tres García* (1946) de Ismael Rodríguez

84. *Águila o sol* (1937) de Arcady Boytler

85. *El baisano Jalil* (1942) de Joaquín Pardavé

86. *Janitzio* (1934) de Carlos Navarro

87. *Sólo con tu pareja* (1991) de Alfonso Cuarón

88. *Viento negro* (1964) de Servando González

89. *Allá en el Rancho Grande* (1936) de Fernando de Fuentes

90. *Historia de un gran amor* (1942) de Julio Bracho

91. *Escuela de vagabundos* (1954) de Rogelio A. González

92. *La malquerida* (1949) de Emilio «El Indio» Fernández

93. *Las abandonadas* (1944) de «El Indio» Fernández

94. *Dos monjes* (1934) de Juan Bustillo Oro

95. *La ilusión viaja en tranvía* (1953) de Luis Buñuel

96. *La Cucaracha* (1958) de Ismael Rodríguez

97. *Espaldas mojadas* (1953) de Alejandro Galindo

98. *El automóvil gris* (1919) de Enrique Rosas, Joaquín Coss y Juan Canals de Homs

99. *Una carta de amor* (1943) de Miguel Zacarías

100. *Naufragio* (1977) de Jaime Humberto Hermosillo ☺

Las cien mejores películas[1]

El American Film Institute —AFI— es, según sus propias palabras, «una institución dedicada a la educación cinematográfica, así como al reconocimiento y la celebración de la excelencia en las artes cinematográficas, la televisión y los medios digitales». En 1996, el AFI hizo pública una lista de las cien mejores películas americanas de todos los tiempos, en la cual participaron varias personalidades del mundo del cine. Las características de las cintas elegidas eran, básicamente: ser largometrajes; estar habladas en inglés y haber sido producidas con

1 Según el American Film Institute.

capital mayoritariamente estadounidense; haber tenido una acogida favorable por parte de la crítica especializada y, preferentemente, contar con premios reconocidos; haber conservado su popularidad a lo largo del tiempo, y tener significación histórica e impacto cultural en la sociedad estadounidense.

Como es fácil deducir, este listado excluye indiscutibles obras maestras como *Los siete samurai* (1954), de Akira Kurosawa, o *Los cuatrocientos golpes* (1959), de François Truffaut. Pero, a pesar de estas sensibles ausencias —y otras tantas—, y de su evidente localismo, esta lista no pierde, en absoluto, mérito ni interés para todo aquel individuo fascinado por esa suerte de magnetismo casi místico que emana de la pantalla grande iluminada; y constituye, en cambio, una referencia obligada y una guía formidable para obtener una radiografía lúcida de lo más destacado de la producción cinematográfica del vecino país, cuya industria, nos guste o no, es la más determinante en términos monetarios, mediáticos y culturales.

La lista que a continuación presentamos incluye la actualización elaborada por el propio AFI en 2007, en la cual participaron más de 1500 críticos, profesores, productores, realizadores y especialistas. Como siempre sucede en cualquier selección, ni están todas las que son, ni son todas las que están, pero como en gustos se rompen géneros y nada es monedita de oro, salvo su mejor opinión —que es la que cuenta—, éstas son las cien mejores:

1. *Citizen Kane* (1941)
   —*Ciudadano Kane*—. Dir. Orson Welles

2. *The Godfather* (1972)
   —*El padrino*—. Dir. Francis Ford Coppola

3. *Casablanca* (1942)
   —*Casablanca*—. Dir. Michael Curtiz

4. *Raging Bull* (1980)

   —*Toro salvaje*—. Dir. Martin Scorsese

5. *Singin' in the Rain* (1952)

   —*Cantando bajo la lluvia*—. Dir. Stanley Donen y Gene Kelly

6. *Gone With the Wind* (1939)

   —*Lo que el viento se llevó*—. Dir. Victor Fleming

7. *Lawrence of Arabia* (1962)

   —*Lawrence de Arabia*—. Dir. David Lean

8. Schindler's List (1993)

   —*La lista de Schindler*—. Dir. Steven Spielberg

9. *Vertigo* (1958)

   —*Vértigo, de entre los muertos*—. Dir. Alfred Hitchcock

10. *The Wizard of Oz* (1939)

    —*El mago de Oz*—. Dir. Victor Fleming

11. *City Lights* (1931)

    —*Luces de la ciudad*—. Dir. Charles Chaplin

12. *The Searchers* (1956)

    —*Centauros del desierto*—. Dir. John Ford

13. *Star Wars* (1977)

    —*La guerra de las galaxias*—. Dir. George Lucas

14. *Psycho* (1960)

    —*Psicosis*—. Dir. Alfred Hitchcock

15. *2001: A Space Odyssey* (1968)

    —*2001: Una odisea del espacio*—. Dir. Stanley Kubrick

16. *Sunset Boulevard* (1950)

    El crepúsculo de los dioses—. Dir. Billy Wilder

17. *The Graduate* (1967)
—*El graduado*—. Dir. Mike Nichols

18. *The General* (1927)
—*El maquinista de la general*—
Dir. Buster Keaton y Clyde Burckman

19. *On the Waterfront* (1954)
—*La ley del silencio*—. Dir. Elia Kazan

20. *It's a Wonderful Life* (1946)
—*Qué bello es vivir*—. Dir. Frank Capra

21. *Chinatown* (1974)
—*Barrio chino*—. Dir. Roman Polanski

22. *Some Like It Hot* (1959)
—*Una Eva y dos Adanes*—. Dir. Billy Wilder

23. *The Grapes of Wrath* (1940)
—*Viñas de ira*—. Dir. John Ford

24. *E. T. The Extra-Terrestrial* (1982)
—*E. T. el extraterrestre*—. Dir. Steven Spielberg

25. *To Kill a Mockingbird* (1962)
—*Matar un ruiseñor*—. Dir. Robert Mulligan

26. *Mr. Smith Goes to Washington* (1939)
—*Caballero sin espada*—. Dir. Frank Capra

27. *High Noon* (1952)
—*A la hora señalada*—. Dir. Fred Zinnemann

28. *All About Eve* (1950)
—*Eva al desnudo*—. Dir. Joseph L. Mankiewicz

29. *Double Indemnity* (1944)
—*Perdición*—. Dir. Billy Wilder

30. *Apocalypse Now* (1979)
   —*Apocalipsis ahora*—. Dir. Francis Ford Coppola

31. *The Maltese Falcon* (1941)
   —*El halcón maltés*—. Dir. John Huston

32. *The Godfather, Part II* (1974)
   —*El padrino II*—. Dir. Francis Ford Coppola

33. *One Flew Over the Cuckoo's Nest* (1975)
   —*Atrapado sin salida*—. Dir. Milos Forman

34. *Snow White and the Seven Dwarfs* (1937)
   —*Blanca Nieves y los siete enanitos*—. Dir. David Hand

35. *Annie Hall* (1977)
   —*Dos extraños amantes*—. Dir. Woody Allen

36. *The Bridge on the River Kwai* (1957)
   —*El puente sobre el Río Kwai*—. Dir. David Lean

37. *The Best Years of Our Lives* (1946)
   —*Los mejores años de nuestra vida*—. Dir. William Wyler

38. *The Treasure of the Sierra Madre* (1948)
   —*El tesoro de la Sierra Madre*—. Dir. John Huston

39. *Dr. Strangelove* (1964)
   —*Doctor insólito*—. Dir. Stanley Kubrick

40. *The Sound of Music* (1965)
   —*La novicia rebelde*—. Dir. Robert Wise

41. *King Kong* (1933)
   —*King Kong*—. Dir. Merian C. Cooper

42. *Bonnie and Clyde* (1967)
   —*Bonnie y Clyde*—. Dir. Arthur Penn

43. *Midnight Cowboy* (1969)
   —*Perdidos en la noche*—. Dir. John Schlesinger

44. *The Philadelphia Story* (1940)
   —*Historias de Filadelfia*—. Dir. George Cukor

45. *Shane* (1953)
   —*Shane el desconocido*—. Dir. George Stevens

46. *It Happened One Night* (1934)
   —*Sucedió una noche*—. Dir. Frank Capra

47. *A Streetcar Named Desire* (1951)
   —*Un tranvía llamado deseo*—. Dir. Elia Kazan

48. *Rear Window* (1954)
   —*La ventana indiscreta*—. Dir. Alfred Hitchcock

49. *Intolerance* (1916)
   —*Intolerancia*—. Dir. D. W. Griffith

50. *Lord of the Rings: The Fellowship of the Ring* (2001)
   —*El señor de los anillos: La comunidad del anillo*—
   Dir. Peter Jackson

51. *West Side Story* (1961)
   —*Amor sin barreras*—. Dir. Robert Wise

52. *Taxi Driver* (1976)
   —*Taxi Driver*—. Dir. Martin Scorsese

53. *The Deer Hunter* (1978)
   —*El cazador*—. Dir. Michael Cimino

54. *MASH* (1970)
   —*MASH*—. Dir. Robert Altman

55. *North by Northwest* (1959)
   —*Intriga internacional*—. Dir. Alfred Hitchcock

56. *Jaws* (1975)
   —*Tiburón*—. Dir. Steven Spielberg
57. *Rocky* (1976)
   —*Rocky*—. Dir. John G. Avildsen
58. *The Gold Rush* (1925)
   —*La quimera del oro*—. Dir. Charles Chaplin
59. *Nashville* (1975)
   —*Nashville*—. Dir. Robert Altman
60. *Duck Soup* (1933)
   —*Sopa de ganso*—. Dir. Leo McCarey
61. *Sullivan's Travels* (1941)
   —*Los viajes de Sullivan*—. Dir. Preston Sturges
62. *American Graffiti* (1973)
   —*Locura de verano*—. Dir. George Lucas
63. *Cabaret* (1972)
   —*Cabaret*—. Dir. Bob Fosse
64. *Network* (1976)
   —*Un mundo implacable*—. Dir. Sidney Lumet
65. *The African Queen* (1951)
   —*La reina de África*—. Dir. John Huston
66. *Raiders of the Lost Ark* (1981)
   —*Indiana Jones: los cazadores del arca perdida*—
   Dir. Steven Spielberg
67. *Who's Afraid of Virginia Woolf?* (1966)
   —*¿Quién teme a Virginia Woolf?*—. Dir. Mike Nichols
68. *Unforgiven* (1992)
   —*Los imperdonables*—. Dir. Clint Eastwood

69. *Tootsie* (1982)
   —*Tootsie*—. Dir. Sydney Pollack

70. *A Clockwork Orange* (1971)
   —*Naranja mecánica*—. Dir. Stanley Kubrick

71. *Saving Private Ryan* (1998)
   —*Rescatando al soldado Ryan*—. Dir. Steven Spielberg

72. *The Shawshank Redemption* (1994)
   —*Sueño de fuga*—. Dir. Frank Darabont

73. *Butch Cassidy and the Sundance Kid* (1969)
   —*Dos hombres y un destino*—. Dir. George Roy Hill

74. *The Silence of the Lambs* (1991)
   —*El silencio de los inocentes*—. Dir. Jonathan Demme

75. *In the Heat of the Night* (1967)
   —*En el calor de la noche*—. Dir. Norman Jewison

76. *Forrest Gump* (1994)
   —*Forrest Gump*—. Dir. Robert Zemeckis

77. *All the President's Men* (1976)
   —*Todos los hombres del presidente*—. Dir. Alan J. Pakula

78. *Modern Times* (1936)
   —*Tiempos modernos*—. Dir. Charles Chaplin

79. *The Wild Bunch* (1969)
   —*Pandilla salvaje*—. Dir. Sam Peckinpah

80. *The Apartment* (1960)
   —*El apartamento*—. Dir. Billy Wilder

81. *Spartacus* (1960)
   —*Espartaco*—. Dir. Stanley Kubrick

82. *Sunrise* (1927)
   —*Amanecer*—. Dir. Friedrich Wilhelm Murnau

83. *Titanic* (1997)
   —*Titanic*—. Dir. James Cameron

84. *Easy Rider* (1969)
   —*Busco mi destino*—. Dir. Dennis Hopper

85. *A Night at the Opera* (1935)
   —*Una noche en la ópera*—. Dir. Sam Wood

86. *Platoon* (1986)
   —*Pelotón*—. Dir. Oliver Stone

87. *12 Angry Men* (1957)
   —*Doce hombres en pugna*—. Dir. Sidney Lumet

88. *Bringing Up Baby* (1938)
   —*La fiera de mi niña*—. Dir. Howard Hawks

89. *The Sixth Sense* (1999)
   —*Sexto sentido*—. Dir. M. Night Shyamalan

90. *Swing Time* (1936)
   —*En alas de la danza*—. Dir. George Stevens

91. *Sophie's Choice* (1982)
   —*La decisión de Sofía*—. Dir. Alan. J. Pakula

92. *Goodfellas* (1990)
   —*Buenos muchachos*—. Dir. Martin Scorsese

93. *The French Connection* (1971)
   —*Contacto en Francia*—. Dir. William Friedkin

94. *Pulp Fiction* (1994)
   —*Tiempos violentos*—. Dir. Quentin Tarantino

95. *The Last Picture Show* (1971)
    —*La última película*—. Dir. Peter Bogdanovich

96. *Do the Right Thing* (1989)
    —*Haz lo correcto*—. Dir. Spike Lee

97. *Blade Runner* (1982)
    —*Blade Runner*—. Dir. Ridley Scott

98. *Yankee Doodle Dandy* (1942)
    —*Yanqui dandy*—. Dir. Michael Curtiz

99. *Toy Story* (1995)
    —*Toy Story*—. Dir. John Lasseter

100. *Ben-Hur* (1959)
    —*Ben Hur*—. Dir. William Wyler ☾

Mi película favorita

C asi nadie puede contestar fielmente cuando le preguntan cuál película —de todas las que ha visto en su vida— es su favorita. Para contestar con veracidad, el cuestionado tendría que bucear por largo tiempo dentro de su memoria, en sus imágenes más recónditas, y hacer un recuento exhaustivo, que va desde las películas de Disney que vio en su más remota infancia hasta la que vio ayer, la revelación del cine de arte, la de un actor o actriz de moda, la que es «a colores y sin mensaje», y hasta la de miedo, horror, suspenso, guerra, violencia, amor o risa, para elegir su predilecta.

Ante la pregunta —un poco tonta y, más que nada, absurda—: de qué película llevarías contigo si te fueras a una isla desierta y sólo pudieras cargar una, la gente —tanto los cinéfilos como los que no lo son— suele buscar dentro de ese universo, que en ese momento parece infinito, su mejor opción, sin dar con ella; acto seguido, contestando al vuelo, unos se van al lugar común —alguna que seguro a todos les parece buena elección—, como *El padrino*. Porque nadie puede rebatir una elección como *El padrino*, porque *El padrino* es *El padrino* y porque Coppola es, y siempre será Coppola; Marlon Brando es Marlon Brando; Al Pacino es Al Pacino, y Robert De Niro es Robert De Niro, sin mencionar que Robert Duvall, Andy García, James Caan y Diane Keaton son quienes son y muy pocos pueden poner en tela de juicio su talento. Y, sobre todo, porque nadie que haya visto —e incluso quien no la haya visto— *El padrino I, II y III* puede negar que la saga es «grande».

Otros más dan el nombre de alguna de las más recientes o más famosas: *El señor de los anillos, Star Wars, Volver al futuro, Sexto sentido* o también alguna ganadora de Óscares y premios —porque nos hacen quedar bien, como *El pianista, El silencio de los inocentes, Doctor Zhivago, Gladiador* o *The Lion King*.[1]

Otros —sobre todo aquellos a los que se les ha hecho la pregunta ya varias veces y han tenido oportunidad de pensarla— se deciden por los clásicos, aquellas películas que han hecho del cine lo que es y que también resultan elecciones «políticamente correctas». De esta manera, se da el caso de favoritas como *Ciudadano Kane, Apocalypse Now, La vida es bella, Cinema Paradiso, Forrest Gump, Mente*

---

1 Algunos de los títulos de las películas están en inglés y otros en español. Me basé en lo que considero la acepción más conocida o usual en México; la forma en que comúnmente nos referimos a ellas.

indomable, Gandhi, *Corazón valiente*, *Atrapado sin salida*, *Platoon* o *Full Metal Jacket*, entre otras.

Hay otros que, al creerse más «eruditos» o considerarse cinéfilos, han reflexionado sobre su película favorita con mayor detenimiento y, entonces —cayendo quizá en otro lugar común, el del gremio del que se creen parte— sacan a relucir a directores de culto, películas raras y «poco conocidas», o cine de arte. Así, se mencionan títulos como *Perros de reserva*, *Pulp Fiction* y *Kill Bill* —Tarantino es el ícono de lo alternativo—; *Trainspotting*, de Danny Boyle; *Fargo*, de los hermanos Coen; *The Full Monty*, de Peter Cattaneo; o westerns como *El hombre tranquilo* de John Ford, con John Wayne. Si la cinéfila en cuestión es mujer, generalmente escoge alternativas históricas, profundas o, bien, adaptaciones de novelas como *La edad de la inocencia*, de Martin Scorsese; *Sense and Sensibility*, de Ang Lee; *The Remains of the Day*, de James Ivory; *El amante*, de Jean-Jacques Annaud; *El paciente inglés*, de Anthony Minghella, o *Fanny y Alexander*, de Ingmar Bergman.

Y ya, los muy, pero muy conocedores, encuentran interesantes y fabulosas películas como *El cocinero, el ladrón, su esposa y su amante* —de la esposa, no del ladrón— y *El libro de cabecera*, de Peter Greenaway, con todo y lo que otros pudieran pensar —unos miran fascinados la pantalla, mientras el de junto ronca plácidamente y otro ya se salió de la sala—, e igualmente disfrutan con la iconografía de las películas de Tarkovsky, como *Nostalgia* o *Solaris*, o con la perversión de David Lynch, representada en películas como *Blue Velvet*, *Eraserhead*, *Dunas* o *Mulholland Drive*.

Podríamos seguir citando casos y elecciones con los que muchos coincidiríamos y otros tantos nos sorprenderíamos, porque el cine da de todo y para todos. Siempre he creído que el cine, más que arte, es muchas otras cosas, y depende de cómo se le vea y en qué etapa de nuestra vida estemos para que nos guste una u otra película, una u otra actriz, uno u otro director.

Una película que pudo ser nuestra favorita en cierta época, puede repugnarnos tiempo después, porque no cabe duda de que, como decía Heráclito, somos como el agua del río y estamos siempre cambiando. Yo me acuerdo que me agradaban los largometrajes como *El campo de los sueños* y *Sin escape alguno*, donde actúa Kevin Costner; me las sabía de memoria. Hace poco las volví a ver y la primera se me hizo ñoña y muy gringa y la segunda, aunque mejor, se me hizo un poco *naif*. Esto nos pasa todo el tiempo, y está bien, porque así podemos disfrutar muchas películas según nuestro devenir, según lo que nos esté ocurriendo en ese momento; ya lo decía Ortega y Gasset: «Yo soy yo y mi circunstancia», y si ésta cambia, se modifican nuestros gustos o necesidades, lo que queremos y lo que buscamos. Borges afirmaba que «un libro tiene tantas interpretaciones como lectores» y se corregía diciendo: «Más bien como lecturas, porque no somos los de siempre».

En mi caso, es muy difícil decidir cuál es mi película favorita, porque me ha gustado y me gusta de todo un poco, incluso más de lo que se puede estar orgulloso. Por otro lado, sé bien lo que me disgusta: el cine *gore*; los balazos, golpes y choques —onda Van Damme y Charles Bronson—; las películas de guerra —no me gusta *Saving Private Ryan*, la tan aclamada película de Spielberg, ni *La delgada línea roja*, ni *El día más largo*, ni ninguna de ésas—; tampoco las de efectos especiales, como *The Matrix* o *El tigre y el dragón*, porque, aunque sé que son buenas, no he podido nunca entender el cine como un espectáculo visual.

Lo que me gusta varía mucho, pues el cine me acompaña en muchas circunstancias y ha sido mi espacio terapéutico. En una sala, entre la oscuridad y la indiferencia de los demás espectadores atentos

154

a la pantalla, hago lo que sea: llorar, reír a carcajada suelta, excitarme, preocuparme, saltar del asiento y sentir las emociones más raras. A veces más vale pagar 45 pesos por la sesión de dos horas, que pagarle al psicoanalista mil pesos por una sesión de 50 minutos.

Cuando he tenido «mal de amores» o cuando estoy deprimido, no hay mejor terapia que ir al cine y ver —o en todo caso rentar— una película de ésas «a colores y sin mensaje», que te permiten ir pasando el rato, como las comedias románticas de Meg Ryan, Steve Martin o Mel Gibson: *L. A. Story*, *You've Got Mail*, *Adictos al amor*, *Forever Young*, *Lo que ellas quieren*, y otras: *Ferris Bueller's Day Off* o *Juegos de guerra* con Matthew Broderick, y *Hechizo del tiempo*, *Perro bravo* y *Gloria* y *What About Bob?* con Bill Murray. Todos estos son buenos ejemplos, porque te ríes viendo una película hecha con oficio —porque no cabe duda de que el cine gringo está muy bien hecho—, por más que las historias sean pueriles o triviales.

Otras veces prefiero películas de exaltación de la vida, de las que *Cinema Paradiso* es el epítome. Ésa en particular la detesto, pero me gustaron mucho: *Memorias de Antonia*, *Mediterráneo*, *Cuatro bodas y un funeral* o *Love Actually*, porque, al verlas, me reconcilié con la vida, me reí como loco y lloré como niño.

Filmes como *Más allá de la terapia*, de Robert Altman, me han ayudado a superar mis miedos en una cita a ciegas. He aprendido cómo lidiar con mi madre en *Oedipus Wrecks*, de Woody Allen. Me he reconciliado con mi padre gracias a *Frequency*, con Dennis Quaid y James Caviezel, donde, por un extraño fenómeno causado por la aurora boreal, un padre y un hijo —que por suerte le van a los Mets— se pueden comunicar en el tiempo y evitar la muerte del primero. Y también a través del cine he podido aprender a superar mis fracasos amorosos y de pareja y he encontrado vías para hacerlo, como cuando vi *Annie Hall* o *Átame*.

El cine también me ha ayudado a tomar conciencia: por él he aprendido cosas que no sabía, que me han sorprendido y que nunca habría imaginado. También he tenido que hacer una reflexión y tomar una posición ante los sucesos del mundo; por ejemplo, me enteré del *snuff* —«snáf» para los españoles— a través de *Tesis* y *8 mm*. Todavía recuerdo mi asombro e indignación, allá por los años 80, cuando vi *Todo es ausencia* y *La historia oficial* de Luis Puenzo, y me enteré de los desaparecidos de las dictaduras militares de Sudamérica. Últimamente, me impactó conocer el problema del sida y las farmacéuticas en África, cuando vi *El jardinero fiel*, de Fernando Meirelles, con otro de mis actores favoritos, Ralph Fiennes.

El cine también me ha enseñado los siete pecados capitales —*Seven*— y los diez mandamientos —*El decálogo*, de Kieslowski—, las verdades o mentiras de la Segunda Guerra Mundial y la ficción que rodea a la guerra de Troya.

Pero, si me tuviera que quedar con una sola película, no sé por cuál me inclinaría: quizá una de Almodóvar, una de Woody Allen o la número seis de *El decálogo*. Quizás sería una de época de James Ivory o una de Tim Burton, una de Tin Tan o de Cantinflas o, más bien, una de cine escandinavo del tipo Bergman o Bille August… No sé. *¿Relaciones peligrosas?*, *¿Hable con ella?*, *¿Buenos muchachos?*, *¿After Hours?*, *¿La ventana indiscreta?*, *¿El resplandor?*, *¿Crepúsculo?*, *¿Moonstruck?*, *¿Dos caras tiene el destino?*, *¿Alien?*, *¿La loca de la casa?*, *¿Érase una vez en América?*, *¿Wild at Heart?*, *¿Los imperdonables?*, *¿Rojo, Azul o Blanco?*, *¿Manhattan?*… *¿El padrino?* ☯

El cuarteto de cuerdas y la democracia

E
l cuarteto de cuerdas clásico
—dos violines, una viola y un
violonchelo— es una combi-
nación instrumental que ha existido de manera ininterrumpida por
más de 250 años y que sigue plenamente vigente en el gusto de los
compositores de hoy. Desde Haydn, Mozart y Beethoven —trilogía
fundamental en su génesis y consolidación—, pasando por todos
los compositores importantes del romanticismo, del impresionismo
y del siglo XX, hasta los compositores jóvenes de nuestros días, esta
agrupación ha ejercido y sigue ejerciendo una fascinación irresistible
sobre los creadores de música.

Hay muchas razones que podrían explicar la persistencia del cuarteto en el gusto de los compositores y, por cierto, el del público también, entre las cuales podríamos citar: la similitud y cercanía que, en registro y tesituras, guarda con el cuarteto vocal, forma original de la música polifónica, es decir, música con muchas voces simultáneas y con la cual todos nos podemos identificar desde pequeños.

Otra razón podría ser la austeridad del color instrumental que imponen cuatro instrumentos similares —en oposición a la exuberancia orquestal—, austeridad que obliga a los compositores a esforzarse para encontrar un contenido musical particularmente profundo y, a la vez, elocuente, pues no se le puede «maquillar» con bombos y platillos. También podríamos mencionar el hecho de que los instrumentos de cuerda, por ser de los más antiguos, alcanzaron un desarrollo técnico muy considerable antes que otros, como el piano y muchos de aliento.

El que cuatro ejecutantes de cuerda decidan integrarse de manera permanente e intenten realizar una carrera profesional de tiempo completo dentro de la agrupación, viviendo de los conciertos, giras y grabaciones, es un fenómeno relativamente nuevo que data de principios del siglo XX. Algunos de los primeros grupos que alcanzaron notoriedad internacional en la primera mitad del siglo fueron el Cuarteto Amadeus, de Inglaterra, y el Cuarteto Lener, con músicos húngaros, que para nuestra fortuna se refugiaron en México después de la Segunda Guerra Mundial. En la segunda mitad del siglo y de este lado del Atlántico se podrían mencionar los cuartetos Juilliard y Guarneri, entre muchos otros. Hoy en día me atrevería a decir que en el mundo no hay más de 50 cuartetos que protagonizan la «primera división» de este particular circuito.

Me parece interesante indagar la singular mecánica de trabajo y el tipo de relación que permite a cuatro instrumentistas hacer funcionar algo que, *a priori*, parecería muy difícil, por diversas razones, entre las cuales están: la ausencia de un jefe, la absoluta paridad jerárquica de los miembros, la condición intrínsecamente subjetiva de la interpretación musical, la muy intensa convivencia que la actividad concertística demanda —particularmente en las giras—, la casi inevitable incidencia de los variables estados de ánimo de los integrantes en la dinámica de los ensayos, así como la obligación de encontrar soluciones a las disputas que la inminencia de los conciertos exige.

Durante su ya larga vida, al cuarteto de cuerdas se le ha definido de maneras muy diversas. Haydn lo describió de forma muy poética como «una conversación inteligente entre amigos». En el medio de los músicos que nos dedicamos a tocar cuartetos circula otra definición: «un matrimonio, pero de cuatro».[1]

Quizá una definición que podría acercarse a la esencia de un cuarteto de cuerdas sea la de «una democracia perfecta». Cuatro individuos con personalidades, actitudes e ideas a veces radicalmente diferentes, que comparten en la misma medida la responsabilidad de negociar o encontrar una salida a una serie de problemas diversos —que pueden ser musicales, de convivencia, económicos, etcétera—, sin la existencia de un jerarca y de preferencia sin recurrir con demasiada frecuencia a las votaciones, puesto que incluso este mecanismo falla, no tanto por la posibilidad de fraudes —poco probables con sólo cuatro votantes—, sino por la de empate a dos votos que dejaría el problema sin solución. Es decir, encontrar un consenso se vuelve algo imprescindible; sin embargo, un mecanismo de negociación para llegar a éste —similar al que ocurre en otros

---

1 En el Cuarteto Latinoamericano solemos decir, en son de burla, que esto es sólo en parte cierto, pues se tienen todas las desventajas del matrimonio, pero ninguna de sus ventajas. ¡Gracias a Dios!

ámbitos, como por ejemplo el de la política— es impensable en un grupo de esta índole, dado que estos mecanismos suelen implicar reducción. En la política, por lo general, las minorías perdedoras en una elección se vuelven oposición. Un concierto de cuarteto en el cual uno de los integrantes tocara desde la oposición resulta, además de chistoso, absurdo.

En la música —aunque pienso que es en el arte en general—, la búsqueda de un denominador común suele resultar catastrófica o, cuando menos, neutralizadora de la fuerza del mensaje artístico.

La suma de las diferencias, las tensiones dialécticas que se generan y la continua dinámica que produce el frágil equilibrio de tanta energía son imprescindiblemente las que hacen que un cuarteto de cuerdas sea una agrupación tan rica; un todo que es mucho más que la suma de buenos músicos.

Toda la tensión, el cariño, las diferencias y empatía que hay entre los cuatro, más todo el bagaje emocional y las vivencias que aporta cada uno, hacen que los distintos instrumentos puedan sonar como uno cuando se requiere y —algo más maravilloso— que el ingenio colectivo jamás deje de ser la voz de cuatro individuos.

Es la distancia entre estos dos polos la que un músico de cuarteto recorre en cada ensayo, en cada concierto. Por ello, me atrevo a afirmar que tocar en un conjunto como éste es experimentar, de primera mano, todas las bondades y dificultades de la democracia como sistema de convivencia humana. ☙

Lo cursi, el amor y los boleros

«Mi infancia son recuerdos de un patio de
Sevilla, / y un huerto claro donde madura el limonero;
/ mi juventud, veinte años en tierra de Castilla; / mi
historia, algunos casos que recordar no quiero.»
Antonio Machado

Nací en el barrio de La Merced,
y lo primero que recuerdo
haber oído son dos boleros
que salían del magnavoz de una feria de barrio en los que María
Luisa Landín cantaba así: «Dos almas que en el mundo había unido
Dios, dos almas que se amaban, eso éramos tú y yo»; y: «Toda una

vida me estaría contigo, no me importa en qué forma, ni cómo, ni dónde, pero junto a ti».

Mi vida ha transcurrido al lado de los boleros, de ese género musical que muchos consideran pasado de moda, cursi y anacrónico, pero que todos, jóvenes y viejos, hemos cantado, porque alguna vez todos nos hemos puesto sentimentales o hemos añorado tiempos pasados, como dice Jorge Villamil:[1] «¡Es increíble escuchar una canción ya vieja que nos hará vivir los años que se alejan!». Lo increíble de este género musical es que existe desde hace más de cien años, ha logrado sobrevivir a los tiempos y los avatares del destino, y hoy sus autores siguen vendiendo y ganando tantas regalías como los de pop o balada.

¿DE DÓNDE VIENE EL BOLERO?

Viene de Cuba, aunque quizá llegó primero de España; de hecho, el *Diccionario de la Real Academia Española* dice que bolero es una «danza de movimiento ligero» —un ejemplo más de cómo la Real Academia Española «se pone al día»—; sin embargo, en Cuba se gesta la fusión de ritmos gitanos y africanos con guitarras y percusiones: bongós, congas o tumbadoras.

«Se acepta que el primer bolero compuesto fue "Tristezas", escrito por el cubano José "Pepe" Sánchez, en Santiago de Cuba en 1886».[2] Aunque algunos difieren en cuanto a la fecha, lo importante es que esa pieza dio origen formal al género y, así, el bolero evolucionó de música de cantinas y peñas a música de serenatas. El toque romántico le permite adaptarse a todas las clases sociales de la misma forma que la radio le permite universalizarse y el acetato perpetuarse.

1 Autor del bolero «Llamarada».
2 Daniel Terán-Solano, «Historia del bolero latinoamericano», en www.analitica.com/vas/1999.12.5/hispanica/21.htm

Dos factores son claves para entender el ascenso y la popularidad del bolero: el primero es la inesperada muerte del rey del tango, Carlos Gardel, en 1935, que dejó a ese género sin sucesores importantes; el segundo es el aislamiento cultural de América Latina en los años cercanos y posteriores a las guerras mundiales, lo que permitió al bolero cultivarse y desarrollarse con calma, sin competencias importantes que lo amenazaran. Durante la tercera y cuarta décadas del siglo pasado, México tuvo gran influencia cubana en materia musical; por ejemplo, el son, el danzón, la guaracha, el mambo y el chachachá nos vienen de allá, y fue el bolero el género que probablemente tuvo mayor acogida y se adaptó mejor a nuestra idiosincrasia. «El proceso no dejó a nadie de la región fuera: [pero] Cuba y México se convirtieron en las mecas y los centros artísticos.»[3]

EL AMOR A LOS BOLEROS

Los boleros vinieron de Cuba y Puerto Rico a México con canciones como «Lágrimas negras», de Miguel Matamoros, que reza así: «Si tú me quieres dejar y yo no quiero sufrir, contigo me voy, mi negra, aunque me cueste morir»; y «Despedida», de Pedro Flores, interpretada por Daniel Santos en plena Segunda Guerra Mundial, que dice: «Vengo a decirle adiós a los muchachos, porque pronto me voy para la guerra, y aunque vaya a pelear a otras tierras, voy a salvar mi derecho, mi patria y mi honor». Durante los años comprendidos entre las décadas de los 30 y los 60, los boleros formaron parte esencial de la vida mexicana, los tríos surgieron al por mayor, las canciones estaban en todas las películas y las cantaban desde Pedro Infante hasta Angélica María. No obstante, 75 años después, este tipo de canción sigue siendo popular; como muestra, baste decir que los

---

3 *Ibid.*

discos de Luis Miguel se venden como pan caliente y que en la ciudad de México hay muchos lugares donde podemos cantar con tríos o contratarlos para dar serenatas.

Esto se debe a que el bolero —como el tango y la canción ranchera— es un canto de amor y dolor. Por eso sus frases —aunque cursis—, tarde o temprano, en un momento u otro, nos acomodan: cuando nos enamoramos, cuando nos va mal en el amor, cuando extrañamos, cuando estamos borrachos y nos ponemos sentimentales... en fin.

Y como el bolero es un género que honra a su compositor tanto o más que a su intérprete, no importa si es mexicano, cubano o puertorriqueño. Ahí les va una probadita de los autores que yo considero más relevantes.

DE AUTORES Y CANCIONES

¿Quién no se ha identificado con Agustín Lara cuando dice: «Oye, te digo en secreto que te amo de veras, que sigo de cerca tus pasos, aunque tú no quieras», y suplica: «Ven acá a devolverme todos los besos que yo te di, ven acá que, aunque tú fueras de todo el mundo, yo soy de ti», y termina afirmando: «Y nadie, nadie besará como tú besas»? O con María Grever, cuando confiesa: «Yo por estar junto a ti no sé qué diera». Y con Miguel Pous, cuando se lamenta: «Hoy no te vi y me siento tan raro, sólo una vez y ya estoy desesperado», o: «Aquellas cosas que temblando decías, ¿dónde han quedado? Dímelo tú, vida mía». O mucho más con Álvaro Carrillo, el gran compositor de San Juan Cacahuatepec, Costa Chica, Oaxaca, cuando le queremos decir a alguien: «Se te olvida que me quieres a pesar de lo que dices», o: «Soy dolor que nunca te ha dolido», o, más aún: «Un poco más y a lo mejor nos comprendemos luego», o, por último: «Porque duele mucho soportar la pena de perder tu amor».

¿Empalagoso o pasado de moda? Tal vez, pero muchos nos hemos conmovido con Vicente Garrido: «Pero, como no me has querido y lo que te he ofrecido no te puede importar, muere la esperanza que añoro, pues teniéndolo todo, nada te puedo dar», o: «No me platiques más, déjame imaginar que no existe el pasado y que nacimos el mismo instante en que nos conocimos». O cuando Consuelo Velázquez afirma: «No quiero arrepentirme después de lo que pudo haber sido y no fue». Y también con las canciones de los puertorriqueños Pedro Flores y Rafael Hernández, cuando oímos: «Lo mismo pierde un hombre que una mujer», o: «No habrá una barrera en el mundo que mi amor profundo no rompa por ti», o: «Te juro que dormir casi no puedo, mi vida es un tormento sin tu amor». También nos podemos poner sentimentales cuando César Portillo de la Luz declara: «Y yo soy dichoso, mi bien, porque me quieres también», o: «Y es que te has convertido en parte de mi alma, ya nada me conforma si no estás tú también». O cuando su paisano José Antonio Méndez expresa: «Desmiento a Dios porque al tenerte yo en vida no necesito ir al cielo tisú, si, alma mía, la Gloria eres tú». O, más todavía, cuando Gabriel Ruiz nos dice una frase que, aunque cursi, puede ser verdadera: «Usted me desespera, me mata, me enloquece y hasta la vida diera por vencer el miedo de besarla a usted», o: «Ven, mi corazón te llama, ¡ay!, desesperadamente». Y, sin duda, cuando Gonzalo Curiel afirma: «¡Ay! ¡Cómo es cruel la incertidumbre!», o: «Temor de ser feliz a tu lado, miedo de acostumbrarme a ti».

Muchos también hemos cantado en esas «noches locas» junto con Roberto Cantoral al ritmo de: «Soy ese vicio de tu piel, que ya no puedes esconder, soy lo prohibido», o: «Qué triste todos dicen que soy... no saben que pensando en tu amor he podido ayudarme a vivir». O con el joven-viejo Armando Manzanero: «Te extraño... no estar contigo, por Dios, que me hace daño», o: «Contigo aprendí, que yo nací el día en que te conocí». Y, en épocas más recientes, con: «Y es que no sabes lo que tú me haces sentir, si tú pudieras un minuto estar en mí», o: «No sé tú, pero yo...».

En fin, podríamos seguir hablando del bolero, de las canciones y de sus infinitas formas, pero no alcanzarían ni diez escritos. Yo les digo que mejor no hay que tacharlos de ridículos o melosos, porque, cuando nos enamoramos, todos nos ponemos igual y en esos momentos no hay nada mejor que agarrar una botella de tequila, o de lo que sea, y ponerse a oír unos cuantos boleros en su casa o en su automóvil. Total, si se ponen a llorar, ¡nadie los va a ver! ¡Salud! ☺

Rock progresivo

Amediados de la década de los años 60, la escena del rock estaba dominada por los ingleses. Los Beatles inundaban el mercado con armonías agradables y melodías pegajosas que vendían millones de discos y los proveían de fama mundial. Sin embargo, en cuestión de años, este complaciente mercado del rock habría de modificarse sin lugar a dudas.

En 1967 hubo un recrudecimiento de la intervención estadounidense en Vietnam, lo que cooperó a la gestación de un intenso movimiento contracultural que, inspirado un poco en el existencialismo de Sartre y un mucho en la literatura *beat*, desembocaría en el *peace and love* que se enarbolaba como estandarte *hippie*. Por otro lado, a raíz de los estudios de Timothy Leary[1] sobre la acción del LSD —dietilamida del ácido lisérgico— en los procesos cerebrales, algunos artistas e intelectuales empezaron a tener experiencias psicomísticas, en las que traspasaron las famosas «puertas de la percepción» y arribaron a los umbrales de la conciencia expandida. Con esta nueva óptica, los asuntos «terrenales» perdían relevancia; los músicos, junto con decenas de miles de jóvenes, empezaron a ingerir alucinógenos y a cruzar hacia esa otra realidad en que la barbarie de la guerra, las imposiciones sociales y el ser individual eran reemplazados por la paz, el amor universal y la trascendencia.

En esa época, el uso de alucinógenos no era ilegal y su consumo se justificaba con argumentos filosóficos o artísticos, así que, incluso, los chicos buenos de Liverpool —agobiados por el exceso de fama y fortuna— probaron el LSD[2] y, quizá gracias a ello, se interesaron en algo más que su vida de *rockstars*. De esta manera iniciaron una búsqueda que los acercaría al budismo tibetano, al hinduismo y a la meditación trascendental, «viaje mágico y misterioso»[3] que se reflejaría en su música. De Oriente, el cuarteto tomaría un bagaje musical nuevo y más amplio que marcaría para siempre su sonido y el de su época: desde la incorporación de instrumentos exóticos —como el sitar o la tabla—[4] y de ritmos y arreglos novedosos, hasta la incursión en temáticas más profundas e intrincadas, con trazas de ese tránsito por la expansión de la conciencia. Así nació la música psicodélica.

---

1 Timothy Leary era profesor de psicología en Harvard. En la década de los años 60 realizó estudios con LSD y alucinógenos de uso ritual.
2 Para muchos, la canción «Lucy in the Sky with Diamonds» alude, desde su nombre, al LSD y sus efectos.
3 *Magical Mystery Tour* (1967).
4 El sitar es un instrumento de cuerda originario del Norte de la India, mientras que la tabla es el más representativo de los instrumentos de percusión de la música hindú.

LA PSICODELIA, ORIGEN DEL PROGRESIVO

El trabajo emblemático de esta época es el *Sgt. Pepper's Lonely Hearts Club Band* (1967) que, además de ser el primer álbum conceptual —es decir, el primer LP cuyas composiciones giran en torno a un tema o historia central—, revelaba un trabajo cuya complejidad, profundidad y valor artístico demostraban que el rock había alcanzado la madurez.

En poco tiempo, esta psicodelia inglesa derivaría en otras corrientes de mayor complejidad, como el rock sinfónico —caracterizado por la inclusión de arreglos orquestales y por largas composiciones que emulan a las *suites* clásicas. Agrupaciones como The Nice, Procol Harum y, sobre todo, The Moody Blues, aprovecharon cada minuto disponible en un LP para confeccionar obras que privilegian la expresión artística sobre la asequibilidad comercial.

Influenciados por el rock sinfónico y valiéndose más del talento que de las imágenes inducidas por los alucinógenos —pero extrayendo lo necesario del baúl del inconsciente—, un grupo de músicos empezó a generar composiciones de temperamento más sublime, que pretendían superar las limitaciones propias de los formatos del rock y del pop, «progresando» hasta alcanzar nuevas formas, y que a menudo aludían a la sofisticación del jazz y de la música clásica. De ahí que se le conociera como *rock progresivo*. Los ejecutantes del *prog* eran, en su mayoría, universitarios con educación musical formal y pretensiones intelectuales y artísticas, que buscaban dotar al género con una mayor dosis de credibilidad.

ES ROCK, PERO NO COMO CUALQUIERA

A todo esto, ¿cómo distinguir al progresivo? Para oídos novicios, estas bandas sonarían como cualquier otro grupo de rock, aunque para un conocedor resulta difícil meter en el mismo saco a, por ejemplo, Pink

Floyd, Le Orme y Dream Theater. Sin embargo, hay rasgos comunes que distinguen el género:

❖ Composiciones largas: el *prog* se aleja del formato del *single*, o sencillo —que puede programarse con facilidad en la radio comercial—, y apuesta por piezas prolongadas, complejas y, muchas veces, compuestas de diversas partes.

❖ Narrativas complicadas y hasta impenetrables: el *prog* se muestra fascinado por su herencia histórica —a menudo medieval— y halla su inspiración en la mitología, la poesía y la literatura fantástica, aunque también en la ciencia ficción y en las secuelas de la tecnología. Su lenguaje es culto, poético, elevado y alcanza niveles protagónicos —por ejemplo, la agrupación francesa Magma inventó una lengua, el kobaiano, para sus letras.

❖ Álbumes conceptuales —aunque no son exclusivos del *prog*— en los que se incluyen composiciones prolongadas que permiten a los músicos desarrollar una narración un tanto articulada sobre un tema persistente. Los últimos trabajos de Pink Floyd —*The Dark Side of the Moon* o *The Wall*— constituyen ejemplos muy claros en los que se abordan problemas sociales y psicológicos.

❖ Una instrumentación inusual para el rock: desde instrumentos orientales, antiguos, de aliento u orquestaciones sinfónicas, hasta los sintetizadores y cajas de ritmo más avanzados de su tiempo, cuyas posibilidades fueron explotadas más que en ningún otro género.

❖ Recuperación y adaptación de piezas clásicas: por ejemplo, en 1972, Emerson, Lake & Palmer —ELP— transcribe

Pictures at an Exhibition de Mussorgsky a términos de batería y sintetizador. Del mismo modo, la influencia del jazz se deja sentir en las largas y complejas improvisaciones y en los solos intercalados que los músicos progresivos suelen ejecutar en sus recitales.

❖ Una gran promiscuidad entre músicos: a diferencia de otros intérpretes de rock, los ejecutantes del progresivo rara vez se atan a una sola agrupación y saltan con frecuencia de un proyecto a otro.

Los incisos anteriores pretenden tantear los bordes de aquello que los especialistas han denominado *prog*, aunque, más que fijar límites, su propósito es mencionar algunas características del género para distinguir lo que a todas luces es progresivo. Es claro que son los músicos y sus obras los que, a lo largo del tiempo, van tejiendo la urdimbre de los estilos y los géneros, y no al revés.

EL ESPLENDOR BRITÁNICO

Muchos expertos señalan a King Crimson como la primera banda de «verdadero» progresivo; su primer álbum, *In The Court of the Crimson King* (1969), sorprende por sus espléndidas letras y por una narrativa que combina imágenes extáticas con pasajes de profunda desesperanza. Otros grupos como ELP, Yes, Genesis, Pink Floyd y Jethro Tull siguieron la línea trazada por «El Rey Carmesí» y constituyeron la «primera ola» del progresivo. Este movimiento ganó gran impulso en parte gracias a que muchos fanáticos del rock se habían decepcionado del *peace and love* estadounidense y celebraban que el *prog* se distanciara de las sonrisas y las flores, aventurándose por caminos más oscuros y agrestes.

La popularidad del progresivo llegó a su clímax a mediados de la década de los años 70, cuando sus bandas alcanzaban posiciones importantes en los *charts* de ventas y ocupaban las páginas de revistas especializadas. En esta fase se distiguían ya diversos estilos dentro de la misma corriente, cada uno con una banda representativa. Yes —distinguible por la voz en *falsetto* de Jon Anderson y por un sonido cristalino que rinde homenaje a civilizaciones antiguas o míticas— y ELP —cuyas composiciones rebasaban los 20 minutos y ponían a prueba la capacidad de digestión musical de sus fans— constituían la élite *prog* y llenaban estadios de futbol en Inglaterra, Europa y Estados Unidos. La escena de Canterbury, cuyo máximo exponente era Caravan, fue un subgénero del *prog* más orientado hacia el jazz rock, mientras que Genesis, con Peter Gabriel al frente, fue pionero en la tendencia a convertir un recital en representación teatral. Pink Floyd y su líder, Roger Waters, avanzaban a grandes zancadas del psicodélico al *space rock*[5] y, de ahí, a los álbumes conceptuales.[6]

Gracias al auge del género surgieron muchas otras bandas que, imitando primero el estilo de Yes, ELP o Genesis, se enfilaron por caminos mucho más comerciales; por ejemplo: The Alan Parsons Project —que musicalizaba textos de Isaac Asimov y Edgar Allan Poe—, Renaissance, Queen y Electric Light Orchestra.

Ascenso, caída y renacimiento

El *prog* se volvió especialmente popular en Europa continental. De hecho, fue la primera forma de rock importado de Inglaterra que cautivó a países como Italia y Francia. Los grupos más destacados

---

5 Este estilo se caracteriza por ambientes creados con sintetizador, que evocan el infinito o un viaje espacial. Otros artistas representativos de esta corriente son el francés Jean-Michel Jarré, los alemanes de Tangerine Dream y el japonés Tomita.
6 La edición agradece a Armando Turrent la lectura y los comentarios hechos a este apartado.

de la camada europea fueron: en Italia, Banco del Mutuo Soccorso, Premiata Forneria Marconi y Le Orme; en Francia, Magma —que, como dijimos más arriba, alcanzó la cima del creacionismo escribiendo sus letras en un lenguaje propio— y Jean-Michel Jarre, quien lleva el *space rock* a las listas del *Billboard*; en Holanda, Focus, con la inconfundible voz tirolesa de Thijs van Leer; en Alemania —donde el movimiento recibió el nombre de *Krautrock* y, previsiblemente, tenía un sabor muy tecnológico— encontramos a Kraftwerk, que prácticamente inventó la música *techno*, Tangerine Dream, grupo que, con *Phaedra* (1974), se convierte en la piedra angular de la música atmosférica, y Faust, una agrupación subterránea e indescriptible. De este lado del Atlántico, la banda con mayores méritos nace en Toronto, Canadá, y recibe el nombre de Rush; en Estados Unidos vale la pena mencionar a Kansas —que, más allá de «Dust in the Wind», sonaba bastante progresiva.

Hacia finales de la década de los años 70, la noción de las *suites* extendidas, los álbumes conceptuales y la fusión de la música clásica parecen demasiado pomposas para un público cuya atención está centrada en la agresión directa del *punk* o en la sexualidad bailable de la música disco. Así, el progresivo empieza a sofocarse en su circunstancia y, en la diáspora, sus músicos fertilizan otros terrenos: Kraftwerk sienta las bases de la música electrónica; Tangerine Dream, junto con la mayor parte de la escena italiana, se torna más complaciente y engendra los primeros atisbos de lo que hoy conocemos como *new age*; el músico *avant-garde* Brian Eno, luego de varios álbumes progresivos, retoma los principios futuristas acerca del ruido[7] y lanza *Music for Airports*, con lo que gesta la música *ambient*;

---

7 En 1913, el futurista italiano Luigi Russolo dio a conocer su manifiesto *El arte de los ruidos*, en el que estableció las bases para una música creada a partir de los ruidos generados por máquinas.

Peter Gabriel —ya como solista— explora la música del mundo y la cobija bajo su sello, Real World. En otros terrenos, el *prog* evoluciona y se transforma en estilos tan comerciales como el *new wave* o el *glam rock* ochenteros.

A estas alturas, ELP se había disuelto, Phil Collins conducía a Genesis a terrenos francamente pop, Pink Floyd vivía sus últimos días y Yes sonaba cada vez más meloso; la escena en general había suavizado sus texturas volviéndose más accesible al público y, por supuesto, comercialmente más exitosa —por ejemplo, la superbanda Asia, conformada por estrellas de Yes, ELP y King Crimson, quienes, amén de ser una decepción artística, establecieron un récord de ventas para el género.

Para nuestra fortuna, ante la decadencia de los pioneros del género, una «segunda ola», encabezada por bandas como Marillion, Pendragon y Saga, irrumpe a mediados de la década de los años 80 bajo el nombre de *neoprog*. Esta corriente pretende rescatar las raíces del progresivo y, aprovechando los avances de la tecnología, produce una serie de álbumes logrados, impetuosos y brillantes. En la década pasada el *prog* vive su «tercera ola», gestada en los países escandinavos, donde bandas como Änglagård y Anekdoten le dan un interesante giro, fusionándolo con la potencia del *heavy metal* y creando el *prog metal*, cuyo exponente más famoso es Dream Theater.

En nuestro país han existido pocas agrupaciones progresivas «puras» dignas de mencionarse —con excepción de Kromlech y, sobre todo, de Iconoclasta—. En la actualidad, sólo grupos como La Barranca evocan algunas texturas de los clásicos del *prog*. Finalmente, podemos decir que en el siglo XXI, el *prog* ha sido absorbido por una multitud de corrientes —aunque aún sobrevive en algunos viejos lobos— y permea en la escena alternativa, dejando sentir su influencia en agrupaciones que, por razones de espacio, es imposible mencionar.

Con su espíritu imaginativo, lúdico y exquisito, el progresivo ha logrado traducir la magnificencia de las composiciones clásicas, la veta inagotable de la literatura fantástica y la mitología a un lenguaje moderno y rotundo. Sus cambios de curso abren la brecha para nuevos senderos por los que habrán de transitar otros géneros. Se trata —y siempre se ha tratado— de música inteligente, de punta de lanza, de pioneros y descubridores. En resumen, el *prog* es el lado luminoso del rock.

Cómo iniciarse en el prog en cinco pasos

Si usted, querido lector, no conocía este fascinante género, pero se sintió atraído por la profundidad de sus aguas y quisiera saber por dónde empezar, lo invito a dejarse llevar por estas recomendaciones. Sígalas, como es de esperarse, en orden «progresivo»:

1. Marillion / *Misplaced Childhood* (1985)

Este álbum, de lo mejor de la «segunda ola» del *prog*, con sus melancólicas historias sobre la infancia, constituye un amable inicio para los *amateurs*. Destaca la memorable «Kayleigh», que casi todos hemos escuchado alguna vez.

2. Pink Floyd / *The Dark Side of the Moon* (1973)

No sólo es el segundo álbum más vendido de todos los tiempos, sino la conjunción perfecta de arte, tecnología y éxito mercantil; una obra inteligente, profunda y disfrutable que resistirá el paso de muchos años más.

3. King Crimson / *In the Court of the Crimson King* (1969)

 Históricamente, el primer álbum de rock progresivo. La poética de Pete Sinfield y el virtuosismo de Robert Fripp inauguran el concepto de *art rock* y hacen de «Epitaph» el himno *prog* a la desesperanza.

4. Yes / *Close to the Edge* (1972)

 La banda progresiva más longeva, con su mejor alineación en su mejor momento. Tres largas composiciones —«Close to the Edge», «And You and I» y «Siberian Khatru»— forman la cara más sublime, brillante y optimista del *prog*.

5. Emerson, Lake & Palmer / *Brain Salad Surgery* (1973)

 La cúspide del barroquismo culterano del virtuoso trío, que intercala versiones esquizofrénicas de piezas clásicas con obras propias. Un álbum que los amantes del rock y de la música clásica podrán amar —o detestar— por igual. ❧

PÁGINA 167: Roger Dean,
Asia Dragon, 1982.

Jardines para circundar

É ste es el extracto de una con-
ferencia del arquitecto Luis
Barragán[1] sobre la importancia
del jardín como espacio de paz y reflexión en la ajetreada y alienante
vida de hoy. Es, además, un homenaje a la zona de la ciudad de
México conocida como Jardines del Pedregal de San Ángel. El
Pedregal es una zona de la ciudad de México que él mismo planeó y
creó y que, aun con todas las transformaciones que ha sufrido, sigue
conservando algunos jardines realmente únicos.

---

1 Dictada por el arquitecto ante el Consejo de Arquitectos de California, en Sierra
Nevada, España, el 6 de octubre de 1951.

«Quiero expresarles algunos puntos de vista sobre los jardines destinados a completar nuestros hogares. La zona a la que me referiré se llama Jardines del Pedregal; ahí las casas tienen que edificarse en un desierto de roca volcánica que adopta las formas más caprichosas. Por una feliz coincidencia, al hacer un jardín para mí mismo en esos terrenos, descubrí las posibilidades de utilizar aquella área y de disfrutar del maravilloso paisaje, edificando casas y jardines que ponen de relieve la belleza de las piedras, aprovechando también sus cualidades y formas como los más maravillosos elementos decorativos.

«Cuando comenzamos a trabajar en la zona, realizamos un plan de división de terrenos, pero lo hicimos de tal modo que, junto al carácter original del paisaje, pudiéramos tener posibilidades de desarrollar y crear unos jardines privados, uno para cada casa, limitados y rodeados de muros, árboles y follaje, que impidieran que fueran vistos el exterior y las casas vecinas.

«Confieso que al principio me daba miedo la idea de construir jardines privados, pues estaba en completa oposición a los jardines abiertos que se suelen hacer en EE.UU. alrededor de las casas.

La vida del hombre moderno

«Con el fin de encontrar las diferencias que son la causa de estos dos tipos de jardín: el abierto y el cerrado, voy a exponerles algunas ideas a propósito de la forma en que vivimos en el mundo moderno.

«Una de las características del hombre actual, tanto en México como aquí, es que vive en público. La mayor parte de su tiempo lo pasa en espacios públicos. Suele comer casi siempre fuera de casa. Utiliza la hora de la comida para hablar de negocios y la cena para comer y ver gente. En México también se hace lo mismo desde el desayuno. Durante las vacaciones, las horas libres se destinan a los clubes nocturnos, los deportes y el cine. Durante los viajes de fin de semana solemos estar rodeados de extraños, de personas ajenas a la familia.

«En fin, los momentos en los que podríamos disfrutar de la vida privada los utilizamos para comunicarnos con el mundo exterior a través de la radio y la televisión, los cuales llevan hasta el dormitorio los acontecimientos deportivos, los programas musicales y las noticias. El uso del teléfono representa también otro aspecto de

la vida pública —de la vida en público— que irrumpe en nuestra privacidad, con llamadas que nos trasladan desde la casa a los compromisos de negocios o sociales. A través de estos artefactos, el hombre moderno vive en público y, por esta razón, hace unos jardines abiertos que no pueden tener el encanto y las ventajas de los jardines privados.

«Me pregunto a qué hora del día el hombre moderno, que lleva una vida semejante a la descrita, puede meditar y conceder a su imaginación el desarrollo de las ideas creativas y espirituales. Me pregunto también si una vida como ésa permite encontrar la paz y la serenidad que tanto buscan y necesitan los hombres, sobre todo, en nuestra época.

«Yo no creo que los jardines abiertos ayuden al descanso cotidiano, ni del cuerpo ni del espíritu. Estos jardines nos encantan cuando pasamos delante de ellos en nuestros coches a 60 o 70 km/h, pero no nos invitan a instalarnos ni a quedarnos como en una cámara de reposo.

JARDINES PARA ESTAR

«Es muy importante destacar que el jardín, especialmente en algunos climas y en algunos lugares del mundo, puede servir, durante todas las estaciones del año, como *living room*, para sentarse, comer o como lugar de reunión para los habitantes de la casa. Quisiera poderles comunicar el descanso psíquico y espiritual que es posible encontrar en la costumbre de pasar algunas horas al día en un jardín; ahí tenemos la sensación de estar en un territorio privado e íntimo, en un hogar tradicional. Este tipo de jardín conduce al hombre a un uso habitual de la belleza, como el pan nuestro de cada día; inconscientemente, caemos en la meditación espontánea sin esfuerzo alguno y logramos reducir totalmente la tensión nerviosa. Para apoyar esta idea apelo a Catalina de Rusia, quien decía que cuando tenía problemas con el gobierno y le era imposible encontrar una solución entre sus consejeros, se paseaba sin rumbo fijo por el jardín y encontraba la mejor solución, así como paz para su espíritu.

«Sin duda, los arquitectos tienen que hacer jardines para ser utilizados, como las casas que construyen. Deben desarrollar también el sentido de la belleza y el buen gusto, inclinándolo hacia las bellas artes y otros valores espirituales.

«Todo esto nos lleva a concluir que, sin querer hacer desaparecer su indispensable vida pública, el hombre de nuestros días precisa —para su placer o, más bien, por necesidad— estos tesoros: una vida privada y un jardín privado.»[2] ✺

---

2 *Barragán, obra completa*, Raúl Rispa y María José Aguaza, comp., Madrid: Tanais, 1995; pp. 31-35.

Créditos

«Las musas»
José Ángel Blandón Jolly
Es un reconocido arquitecto y un ávido lector. **Es gran** fanático del béisbol, así **como** jugador de softbol.

«La Divina Proporción»
«El dadaísmo y la destrucción del arte»
«Sonrisas en la guerra»
«La ópera»
«No sé qué tiene tu voz, que fascina...»
Gabriel García Jolly
Es un melómano irredento, es un bibliópata perdido, compra libros sin cesar, los lee y no olvida jamás lo que dicen, en qué capítulo lo dicen, en qué página y en qué estante. Ama la música clásica, desde Bach hasta Philip Glass, desde la sonata hasta la ópera. Así pues, tiene nueve versiones distintas de una misma aria y hasta tiene una versión grabada del ensayo de la *Novena sinfonía* de Beethoven dirigida por Karajan con todo y exabruptos, gritos y correcciones. Estudió ópera teórica con Ernesto de la Peña, pero ahora todo lo ha dejado por una nueva compañía a la cual pertenece en cuerpo y alma. Está en vías de estudiar filosofía, teología y latín. Aquel que lo conoce sabe que Gabriel no platica, da clase.

«Unas pinceladas de color»
Dante Escalante
Es diseñador gráfico egresado de la UAM Azcapotzalco, se ha especializado en la ilustración y ha publicado sus trabajos en importantes anuarios de diseño como el *Graphis* y *Talento* (Brasil). Ha recibido los premios Quorum, la Bienal de Helsinki y Coral al mejor cartel de cine en Cuba.

«La lógica del amor y la belleza»
Walter Beller
Es doctor en filosofía por la UNAM y maestro en teoría psicoanalítica. Ha sido catedrático en la UNAM, la UAM, el IPN y, actualmente, en la Universidad Iberoamericana y en el Tecnológico de Monterrey. Escribe en la página cultural de *Excélsior*. Cree que lo más importante es hacer de la filosofía un elemento de diversión y por eso colaboró haciendo la revista *Los Supermachos*.

«Del cielo»
Eugenia Blandón Jolly
Es socióloga egresada de la UNAM. Actualmente trabaja como escritora y guionista en diversos proyectos para medios.

«Vincent, genio y figura»
Adela Iturbide Preciat
Es una gran lectora. Ha dedicado su vida al saber. Sus temas favoritos son la teología, el arte, la literatura y la historia. Nació en 1903 y sigue viva.

«Bloomsbury, el grupo de un largo fin de semana»
Christian Velázquez Vargas
Estudió antropología con especialidad en arqueología. La literatura es una de sus grandes pasiones; otra es la aventura, que lo llevó a vivir en la isla de Kodiak, Alaska. Actualmente colabora en revistas como *Eje Central*, *Speed & Luxury Magazine*, *Tragaluz* y *Médico moderno*.

«Vanguardia surrealista»
Hilda Alejandra Varela Galán
Es filósofa de profesión y vocación, además de amante y estudiante del arte, pues está convencida de que es la mejor y mayor expresión del ser humano.

«Éntrele a la masa: el *Kitsch*»
Valentina Santos
Es una extraña mujer a quien no le preocupa ser *Kitsch* o no. Más le angustia terminar su tesis de maestría en comunicación y política, y quiere aprovechar este medio para pedir a su asesor, el doctor Raymundo Mier, aún más paciencia.

«Arte al extremo»
«Rock progresivo»
Francisco Masse
Además de melómano más allá de toda redención, neurótico y baterista frustrado, es diseñador gráfico, y afirma que eligió esta profesión por su interés en el arte. Aunque más tarde entendió las diferencias entre arte y diseño, conserva en sus células la sensibilidad suficiente para percibir la belleza que yace en la idea trasgresora y el exceso.

«El amor que alimentó la rebeldía»
J. López
Es ingeniero de profesión y ateo por convicción. Sueña con dejar la ingeniería y dedicarse en cuerpo y alma a la militancia. Mientras llega ese día, su tiempo libre lo dedica a devorar libros, a oír música clásica y a escribirle cartas de amor a su novia, cosa que no hace tan mal.

«Teatro que divierta y haga recordar»
Teresina Bueno López
Es actriz, directora y maestra de actuación. Ha trabajado en ámbitos universitarios, académicos, de producción privada y pública. Es miembro de la Compañía Nacional de Teatro y con ella actuó en *El diván*, espectáculo de Michel Dydim que se presentó en el Festival Internacional Cervantino 2003. Piensa que el teatro es lo mejor para pensar.

«Lo mejor del cine»
«Nueva guía para cinéfilos descarriados»
«Mi película favorita»
«Cien joyas del cine mexicano»
«Las cien mejores películas»
Martín Roberto Alexander
Va al cine siempre, ya que está convencido de que para ver una buena película «hay q' ir a todas», desde las de balazos hasta las de arte. Piensa también que «el cine se ve mejor en el cine» y que la ficción es siempre mejor que la realidad. Colecciona frases o líneas de película y tiene un club de *movie quotes*, como él las llama.

«El cuarteto de cuerdas y la democracia»
Arón Bitrán Goren
Es violinista de profesión nacido en Chile y naturalizado mexicano. Concertista, maestro e integrante, desde su fundación, del Cuarteto Latinoamericano, grupo con el cual realiza una intensa actividad internacional de conciertos y grabaciones. Es un futbolero empedernido, le va con pasión al Atlas de Guadalajara, aunque gane.

«Lo cursi, el amor y los boleros»
Fernando Montes de Oca Monroy
Es un reconocido médico dermatólogo y un lector prolijo. Entre sus temas predilectos se encuentran: los epígrafes, los puros, el buen comer, el humor, el beisbol y el buen beber. Se sabe todos los boleros por autor y por nombre.

«Jardines para circundar»
Luis Barragán
Fue uno de los arquitectos mexicanos más sobresalientes del siglo xx; se alejó

de todas las corrientes y tendencias internacionales de la época, creando un estilo propio que todavía es seguido por muchos. Entre sus obras más conocidas se encuentran: su propia casa en Tacubaya, las torres de Satélite, y la planeación de los fraccionamientos Jardines del Pedregal de San Ángel, en el sur de la ciudad, y Las Arboledas, en el Estado de México.

Créditos de las ilustraciones

Copyright free, páginas: 27, 103, 111, 119, 123, 157 y 161.

Sergio Neri: 129, 135, 141 y 151.

Gjon Mili: 49.

Contenido

Colofón

Este libro fue impreso y terminado en la ciudad de México
el mes de mayo de 2009 en Encuadernaciones Maguntis.
Fue formado con los tipos Berkeley book 11/16 y Fairplex 18/24, 48/84.
Arte editorial: Victoria García Jolly. Coordinación de la edición: Fannie Emery Othón.
Edición: Karla Paola Vázquez Guzmán. Formación: Lucero Elizabeth Vázquez Téllez.
Corrección: Karla Bernal Aguilar y Alberto Alazraki.